零售未死

RETAIL ISN'T DEAD
Innovative Strategies for Brick and Mortar Retail Success

［德］马蒂亚斯·斯潘克（Matthias Spanke） 著

刘 益 译

中国科学技术出版社
·北 京·

Retail Isn't Dead: Innovative Strategies for Brick and Mortar Retail Success by Matthias Spanke/ISBN: 978-3030366490

Copyright©Matthias Spanke 2020.

Published by special arrangement with BIG IDEAS Visual Merchandising Inc. in conjunction with their duly appointed agent 2 Seas Literary Agency and co-agent CA-LINK INTERNATIONAL LLC.

北京市版权局著作权合同登记　图字：01-2021-0727。

图书在版编目（CIP）数据

零售未死 /（德）马蒂亚斯·斯潘克著；刘益译. —北京：中国科学技术出版社，2021.10

书名原文：RETAIL ISN'T DEAD. Innovative Strategies for Brick and Mortar Retail Success.

ISBN 978-7-5046-9148-4

Ⅰ. ①零… Ⅱ. ①马… ②刘… Ⅲ. ①零售业－商业经营 Ⅳ. ① F713.32

中国版本图书馆 CIP 数据核字（2021）第 160581 号

策划编辑	杜凡如　赵　嵘
责任编辑	申永刚
封面设计	仙境设计
版式设计	锋尚设计
责任校对	焦　宁
责任印制	李晓霖

出　　版	中国科学技术出版社
发　　行	中国科学技术出版社有限公司发行部
地　　址	北京市海淀区中关村南大街 16 号
邮　　编	100081
发行电话	010-62173865
传　　真	010-62173081
网　　址	http://www.cspbooks.com.cn

开　　本	889mm×1194mm　1/16
字　　数	125 千字
印　　张	9
版　　次	2021 年 10 月第 1 版
印　　次	2021 年 10 月第 1 次印刷
印　　刷	北京瑞禾彩色印刷有限公司
书　　号	ISBN 978-7-5046-9148-4 / F·942
定　　价	99.00 元

（凡购买本社图书，如有缺页、倒页、脱页者，本社发行部负责调换）

推荐语

"本书内容与当今颠覆性的零售业格局息息相关，对哪些策略行之有效、哪些策略行之无效进行了出色的分析，囊括了在多类零售业取得成功的可行性策略。这是一本伟大的指南，提升了数字时代的实体零售体验。"

——唐纳德·切斯纳特（Donald Chesnut），万事达卡首席体验官

"马蒂亚斯·斯潘克了解当下时代的特征，并对当下时代产生了重大的影响。他的新书启发了我们如何在数字时代拥抱新零售。"

——比特·格林（Beat Gruering），塔丽唯尔（Tally Weijl）跨国时装公司董事会主席、创始人

"对于想在这个充满挑战的时代为自己的品牌建立决定性优势的零售业人士而言，这是一本极具启发性的书籍。马蒂亚斯·斯潘克在激动人心的虚拟现实方案和可持续性理念之间建立了多个方面的联系。本书必读！"

——尤利·艾克曼（Uli Eickmann），德国TAKKO有限公司首席销售官

"马蒂亚斯·斯潘克介绍了四种零售业的创新发展趋势，这些趋势可以促进零售业新的业务模式的形式。书中的优秀实践案例展示了各式各样的智能化操作和创新性方法，指出了切实可行的策略。马蒂亚斯·斯潘克的这本书是当代每一位零售商的必读书。"

——袁艾琳（Irene Yuan），ba & sh北美区营销副总裁

"《零售未死》是当下深度转型时代的优秀书籍。零售体验的意义要比零售娱乐更深远，马蒂亚斯·斯潘克恰好抓住了这一点。"

——雨果·尤（Hugues Yo），加拿大鹅国际市场部高级总监

"马蒂亚斯·斯潘克巧妙地掌握了当今零售业的精髓。从创造交互式的品牌体验到可持续发展，《零售未死》这本书可以为成功的店内销售方案提供建议和优秀案例。"

——马德琳·鲍姆加特纳（Madeline Baumgartner），美国国际零售环境与营销展示协会教育与研究总监

"本书再一次说明了，创新永远是值得的，并且极具吸引力。品牌方可以互相激励，超越极限！"

——贝蒂娜·埃萨尼（Bettina Ehsani），西雅衣家（C&A）欧洲视觉营销总监

"马蒂亚斯·斯潘克又一次一针见血地指出：零售业仍然是活跃的行业！但是，这需要确保消费者会进入一家激动人心、富有趣味的实体商店。作者的经验、创造力和大量的案例都极具启发性，让人不禁质疑现状，却又能充满信心地迎接未来。"

——沃尔夫冈·克罗格曼（Wolfgang Krogmann），普利马克（Primark）有限公司咨询总监

"当下，关于零售业日薄西山的说法仍然停留在笼统的概念阶段。马蒂亚斯·斯潘克更进一步，提出了在零售业中获得持续成功的可靠且实用的方法。"

——马库斯·恩斯（Markus Ense），菲利普·莫里斯国际公司B2C全球战略负责人

"仅仅满足消费者需求已经成为过去时。这是一本了解当下并预测未来的必读书。那些能够成功地从零售业转向相关产业的人将得以存活。马蒂亚斯·斯潘克已经提出了许多意见，而我们作为零售商应从呼吁行动转向采取行动。"

——詹斯·沃尔夫（Jens Wolf），德国免税商品零售公司Gebr. Heinemann销售总监

"马蒂亚斯·斯潘克的兴趣点在线上零售与线下零售。他以视觉营销专家的身份为全球品牌提供建议和帮助。我十分重视他对零售业当下发展的看法，并希望从他的书和理念中获得灵感。"

——安克·赫普纳（Anke Heppner），海蓝之谜（Parfümerie Douglas）公司视觉营销主管

"马蒂亚斯·斯潘克再次说明了对实体业务的推动是值得的。同时，考虑到他的专业性，本书对于每一位有激情和创造力、专注于实体领域的人来说都是必备的。"

——芭芭拉·格特根斯（Barbara Göttgens），德国百货公司集团Karstadt Warenhaus战略视觉营销主管

"我喜欢本书提供的具体案例研究和优秀实践案例。本书制作精良，并为未来的全球零售品牌策略提供了深刻的见解和分析。"

——乔恩·哈拉里（Jon Harari），时尚橱窗陈列WindowsWear公司首席执行官兼联合创始人

序

在21世纪的第2个十年开始之初，全球范围内的实体零售贸易正经历着根本性变革。对于零售商及其他经济产业而言，新冠肺炎疫情及其影响是前所未有的。在社交隔离及其不同阶段中，不论是线上还是线下，消费者的消费行为都发生了根本性改变。人们在这段时间的经历有着深刻且长远的影响，消费者的期望正在影响着零售业的未来，此处仅举几个例子：网络购物迎来了新的消费者群体，如老年人；可持续性与环保意识已经成为品牌更为清晰的、鲜明的特质。

疫情的影响并不只是在当下对实体零售业产生了最根本的挑战，数字化、全球化的世界也因此产生了巨大的变化。

自电子商务繁盛期起，其一直挑战着实体零售业所提供的流程与服务。线上消费实现了快速简单地浏览大量产品、支付流程简便、短时间内送货上门以及无障碍的产品交换，这种线上零售的快速与便利深受消费者的喜爱。电子商务已经大大改变了消费者的购物方式。接着，消费者又将他们的期望传递至实体零售。在这种背景下，电子商务不仅是实体零售业的竞争对手与挑战者，它还"倒逼"着实体零售业进行创新。

如果消费者线上购物可以在几秒之内浏览大量产品并找到其所需产品，他们会期望线下的购物过程也同样简单；如果消费者线上购物可以通过触碰或者面部识别实现付款，他们会期望在线下实体购物中也能享受同样的服务。消费者的这些期望是过分的吗？无论您对这些问题的答案是什么，现如今，作为零售商，只要想留存消费者或者吸引新的消费者，都必须制定战略来提供与线上相同甚至更好的服务。

而且，现实情况比这更加艰难，创新的压力永远存在。毕竟，变化已经成为这个全球化、数字化的世界中唯一不变的常态。最重要的是，变化正在以惊人的速度发生着，而且这个速度没有上限。当然，数字化的世界也正发生着同样的变化，这个结论可能使零售商获得些许安慰。

线上业务究竟提供了哪些实体业务通常缺失的体验呢？以产品为例：线上购物永远不会"缺货"，而对于实体商店而言，手头的存货是有限的。线上似乎有着无尽的选择。在线上，消费者只需几次点击就可以浏览整个产品系列，不必在拥挤且庞大的实体商店中费力寻找需要的产品。这看起来是实体零售商的绝望局面，其实并不尽然。一些国际零售商对此提出了解决方案，在这里我举两个成功的例子：梅西百货（Macy's）通过虚拟现实技术，实现了真正意义上的产品范围的无限扩展。家得宝（The Home Depot）的智慧店内导航应用程序App，可以引导消费者通过最短的路线到达他们想要的产品的面前。

当消费者完成产品预选后，通常都想获得一些意见。线上购物通过成百上千条购物评价，消费者可以立即得到许多意见。而来自世界各地的例子说明了线下购物如何通过创造性与智慧性的方式实现这一操作。

通常，当消费者决定购买某个产品时，其想做的就是立即付款。在线上购物，完成付款只需要进行点击、指纹验证或者面部识别，产品将立即开始配送。线下购物实际上也能提供相同的服务，比如飒拉（Zara）的自助结账系统，玛莎百货（Marks & Spencer）的"扫码即走（Mobile，Pay，Go）"技术，亚马逊无人便利店（Amazon Go）的"离开即可（Just Walk Out）"技术等，各大公司都在演示如何让消费者在线下享受到与线上相同的服务。

每个消费者都会透露出自己的个人信息及购物习惯，有时是有意的，但往往是无意的。这些数据与人工智能技术的结合，使得各大公司可以通过算法预测消费者的需求。通过上述方法，各大公司在今天就能预测出消费者明天需要什么，甚至在消费者自己知道之前就已预测出需求。很多品牌方都展示了这种技术在实体零售中的应用模式。

但速度快与舒适度高是否足以使各大公司在实体零售业务中真正地吸引消费者？答案是否定的。

消费者可以在现实世界中触摸、试用并亲眼看到、比较产品，这是实体零售的优势，也是实体零售的良好开端。为什么不将其直接转化为消费者的品牌体验呢？英国伦敦的约翰路易斯（John Lewis & Partners）实体商店将消费者在连锁百货商店内过夜的愿望实现了，使其能够充分了解店内的床品质量。

对于消费者而言，实体商店不仅是出售产品或者提供服务的地方，实体商店是或者至少应该成为社区的一部分。诸如美国第一资本投资国际公司（Capital One）各分行的联合办公空间（co-working spaces），或是运动服供应商露露乐蒙的瑜伽课，多家零售公司展示了他们如何成为社区的固定设施，进而成为消费者生活中的固定设施。

在可持续性方面，零售商也需要改变思维方式。尤其是近年来，消费者已经意识到全球生态环境的灾难性发展，他们比以往更加期望公司能够考虑自身的运作在生态、社会、经济环境中的影响，从而制定能够创造长久价值的战略、承诺和运营方案。有些公司已经从实体商店设计方面顺应消费者的期望。例如，英国伦敦的宜家实体商店只使用可再生资源，并采取了许多方式成功地使其正式成为英国最具可持续性的实体商店。在购买决策中考虑公司是否具有生态承诺的消费者数量正持续上升。

在实体零售领域想要获得竞争优势，零售商需要且应当采取大量措施。本书中提出了极具重要性、极具创新性的策略，包括全新的品牌体验、店内技术的潜在应用、可持续发展计划以及将线上优势向线下转移的措施等。本书是用户导向的实用性书籍，书中提供了许多零售技巧以及许多优秀实践案例，其中包含来自世界各地区各行业的近30张照片。

本书旨在启发读者，使读者了解实体零售新的机会，帮助读者在疫情后更加数字化的未来环境中在实体零售领域取得成功。

马蒂亚斯·斯潘克
美国BIG IDEAS视觉营销公司首席执行官
德国BIG IDEAS视觉营销公司首席执行官
德国BIG CAREERS零售猎头公司首席执行官

1 品牌体验
2 体验与享受
16 付费体验
24 快闪店
34 社区中心

43 科技零售
44 增强现实技术
50 虚拟现实技术
60 人工智能技术
66 射频识别技术

75 来自线上零售的启发
76 社交网络
82 店内应用程序
88 便捷支付
98 取货与退货
104 配送服务

111 可持续性
112 销售重点
122 出租、转售、重新设计

131 结语
133 致谢
134 图片版权

品牌体验

数字时代为实体零售带来了更大的挑战。数字时代带来的变化就是消费者对于其他行业的期望也发生了改变——期望他们做得更好。然而在此变化中，零售业受到的冲击尤其大。更讽刺的是，零售商现在也面临着后院起火的局面——一些线上经销商已经意识到了实体零售与开设门店的优势。但每个人都有着相同的疑问：如果线上购物可以让消费者在几秒之内找到并比较出全球的可用产品，那么实体零售还有哪些优势能与之相比？

一些成功的零售商已经为这个至关重要的问题给出了几个很好的答案。他们创造了一个让消费者探索品牌、享受自我并体验新事物的地方。为什么要这么做？因为消费者需要的是前往实体商店的理由，消费者需要的是实体的体验。

关于提升店内消费者体验的想法并不新鲜，但是消费者对于应有的消费者体验的期望有所改变。迎接每位进入实体商店的消费者、根据季节更换产品陈列以及无忧付款这些体验已经不能满足消费者了。

作为零售商，您正面临着新的挑战。消费者体验应成为您未来的关注重点。消费者喜欢逛您的实体商店吗？您能为消费者提供竞争对手，尤其是线上销售没有的体验吗？您如何预防品牌体验中潜在的破坏因素？

本章将介绍新的零售策略，重点关注消费者体验而不再是实际产品。毕竟，体验已经成为实体零售品牌方成功的决定性因素。

体验与享受

实体零售的主要优势是可以让消费者在当地当下体验产品或者服务，让消费者看到、碰到甚至可能听到、闻到、尝到产品。实体零售通常存在着对消费者并不显而易见的隐藏优势。怎样才能使消费者了解最新的跑鞋技术？或者音响系统的音质？最好的策略就是在现实生活中对其进行测试。实现这个策略需要的不仅仅是展出产品供消费者试用，消费者希望从中获得乐趣并体验新的事物，他们想知道的是他们从家中电脑前移步到实体商店可以获得哪些附加价值。

"先试后买"是一种成功的策略。经过消费者现场试用的产品或服务，其销售额更有可能增加。在这种情况下，零售商需要思考哪些产品的优势不能被消费者及时发现，但又会为消费者提供附加价值。例如，展示的床垫是否有出色的舒适性和靠背支撑力？或者户外服装是否能防风防水？

一旦确定了消费者想要体验的产品优势，下一个问题就是如何实现这种体验。为了试验防水夹克，可以设置一个雨区。在淋浴喷头下，夹克的防水性能将会清晰地显现出来。如果消费者能够在雨中试用产品，那么这时试用的效果是最好的。为了增强这种体验，可以用雨林的背景和瀑布的声音来创造更加身临其境的环境。

消费者不仅希望能够触摸和感受产品，他们也希望能够充分理解产品的功能，学习新知识并乐在其中。零售商可以尝试在消费者试用产品期间，将专业知识传递给消费者，从而提供附加价值。例如，当消费者在店内试穿跑鞋时，就可以为其提供跑步分析，提供有关落脚姿势与最佳鞋类要求的信息。为什么要这么做？因为消费者是好奇的，而且需要更多的消费体验。如果零售商能够满足这些需求，那么实体商店就能成为消费者试用与学习的地方。

鼓励消费者在实体商店中玩乐，鼓励互动。通过有趣的消费体验，将压力颇大的消费者从日常生活中解脱出来，从而实现积极的品牌体验。位于巴塞罗那的化妆品连锁店丝芙兰（Sephora）让消费者可以在下楼时自由选择使用自动扶梯或者滑梯。滑梯不仅提供了乐趣，也为消费者在社交网络上分享照片提供了绝佳的素材。

创造可以试用、玩耍与学习的区域，让消费者可以亲身体验产品。在店内，消费者应该享受到娱乐和指导。尝试理解消费者在购买产品时遇到的任何问题或挑战，并以创新和有意义的方式解决这些问题或挑战。为消费者提供线上购物无法享受的轻松体验，确保所有的操作都符合预先的品牌声明。这样，将为消费者带来成功的品牌体验。

采取行动

- ▶ 思考哪些产品或者服务可以提供的优势尚不明显。

- ▶ 开发创新性的试用区域，使消费者既可以试用产品，也能产生愉悦的感觉。

- ▶ 确保当产品被试用时，也能兼顾消费者其他方面的需求，如玩耍、学习和体验。

- ▶ 询问自己，试用区域是否与品牌理念相符，并且能为消费者带来积极的品牌体验。

▶ 杜尔（DUER）是一家加拿大服装公司，专注于为消费者提供不同寻常的技术服装。自2013年成立以来，总部及其旗舰店均位于加拿大温哥华。除此之外，该公司目前在多伦多另设有一家实体商店。公司通过位于加拿大、美国和欧洲的150个城市的400多家零售商进行产品分销，目前共有员工近60人。

杜尔
成年人的丹宁[1]游乐场

杜尔通过将高弹力纤维等性能与进行温度控制的 **COOLMAX**®[2] 技术结合，从而将性能和时尚完美融合，打造出清凉不粘身的服装。其裤装具有高弹力、轻巧耐用的特点，同时也具备吸湿排汗、控制温度和抗菌等性能。该品牌面临的挑战是如何以娱乐性的方式向消费者传达这些产品优势并使这些产品优势切实可见。

杜尔在其两个实体商店中创建了成年人丹宁游乐场。消费者可以通过一些简单的动作如蹲、拉伸、骑自行车、跳跃、摇摆等来测试牛仔裤的性能。为了在保留建筑物现有木质结构的同时实现这一目标，杜尔利用高天花板建造了树屋，搭配悬挂在8英尺（1英尺=0.3048米）高处的网，这种设计可用于散步、爬行或放松，同时店内也设置了秋千和攀爬架。这种设计使得消费者不仅能试穿服装，还能获得乐趣并亲身体验到服装的弹性和舒适度。杜尔鼓励来店内的消费者穿着杜尔的裤子进行跳跃、攀爬和伸展，因此，在试穿的过程中，这些成年人也将释放内心的孩子气。丹宁游乐场令新老顾客都惊叹不已，这种设计不仅提升了品牌体验、扩大了品牌知名度，同时也提高了消费者的到店频率及销售量。通过引入这个游乐场，杜尔创造了一种新型的购物体验，使消费者直接体验到产品的优势。目前该实体商店已成为一个趣味性强、活跃度高且以体验为导向的零售区域。

另外，实体商店及其体验导向的课程都直接同总部相连。所有的总部员工，包括其设计团队都在实体商店旁的办公室工作，并定期从消费者那里获得关于丹宁游乐场的直接反馈。

---

1 丹宁由DENIM音译而来，指斜纹织法的靛蓝色的粗斜纹布，也叫作牛仔布。——编者注
2 COOLMAX®是一种科技面料，该面料可以吸收并扩散湿气，从而加强蒸发，使空气进入，让身体保持凉爽与干燥。——编者注

零售未死

加拿大鹅
位于香港的"冰河时代"

如何把冰箱卖给因纽特人？这个在销售手册中的经典问题，可以被转化成如下问题：消费者如何在香港等亚热带地区试用为北极温度设计的外套？加拿大鹅（Canada Goose）接受了这一挑战。答案是为实体商店开发一个特殊的试用区域——冰屋。零售商将一个零下32摄氏度的冰屋放在实体商店中，冰屋内部还设有冰雕。这样，即使在夏季，消费者也能试用产品。

这一操作旨在开发一种店内体验模式，不仅能吸引消费者的注意，还能保持品牌的真实性。毕竟，加拿大鹅的产品主要为功能性外套。加拿大鹅为在世界上最寒冷的地方工作的人们开发夹克，而冰屋使得这些夹克可以被恰当地试用。

▶ 加拿大鹅控股公司（Canada Goose Holdings Inc.）于1957年在加拿大多伦多成立。直至今日，这个奢侈品牌的总部仍然位于多伦多。这一全球领先的奢侈品高性能服装制造商提供多种夹克、大衣、背心、帽子和手套。其目标客群为25~45岁的男女。目前，加拿大鹅在三大洲拥有11家实体商店，并拥有3800名员工。

为此，帮助消费者选择产品的员工将引导其进入冰屋。如果这还不够，冰屋将产生冰冷的寒风以增强体验感。不必担心风力过强，消费者可以自行调节气流。即使在香港加拿大鹅店内，也不会有人被冻坏。

冰屋是一种有趣的、不寻常的体验，可以帮助消费者做出明智的购买决定。毕竟，体验型零售不应该只有轰动性，也应该是有用的、与产品相关的。一些消费者想在购买夹克之前测试极地温度，其他人则想感受自己身体对温度的反应，这让加拿大鹅有机会去为那些尚未成为加拿大鹅购买者的潜在消费者创造良好的品牌体验。

在冰屋前的排队长龙证明了冰屋的成功，现在冰屋已经成为"自拍圣地"。同时，加拿大鹅在其一半的实体商店内都开设了冰屋，用于提供娱乐及试用功能，使其成为有目的的体验式零售的典范。

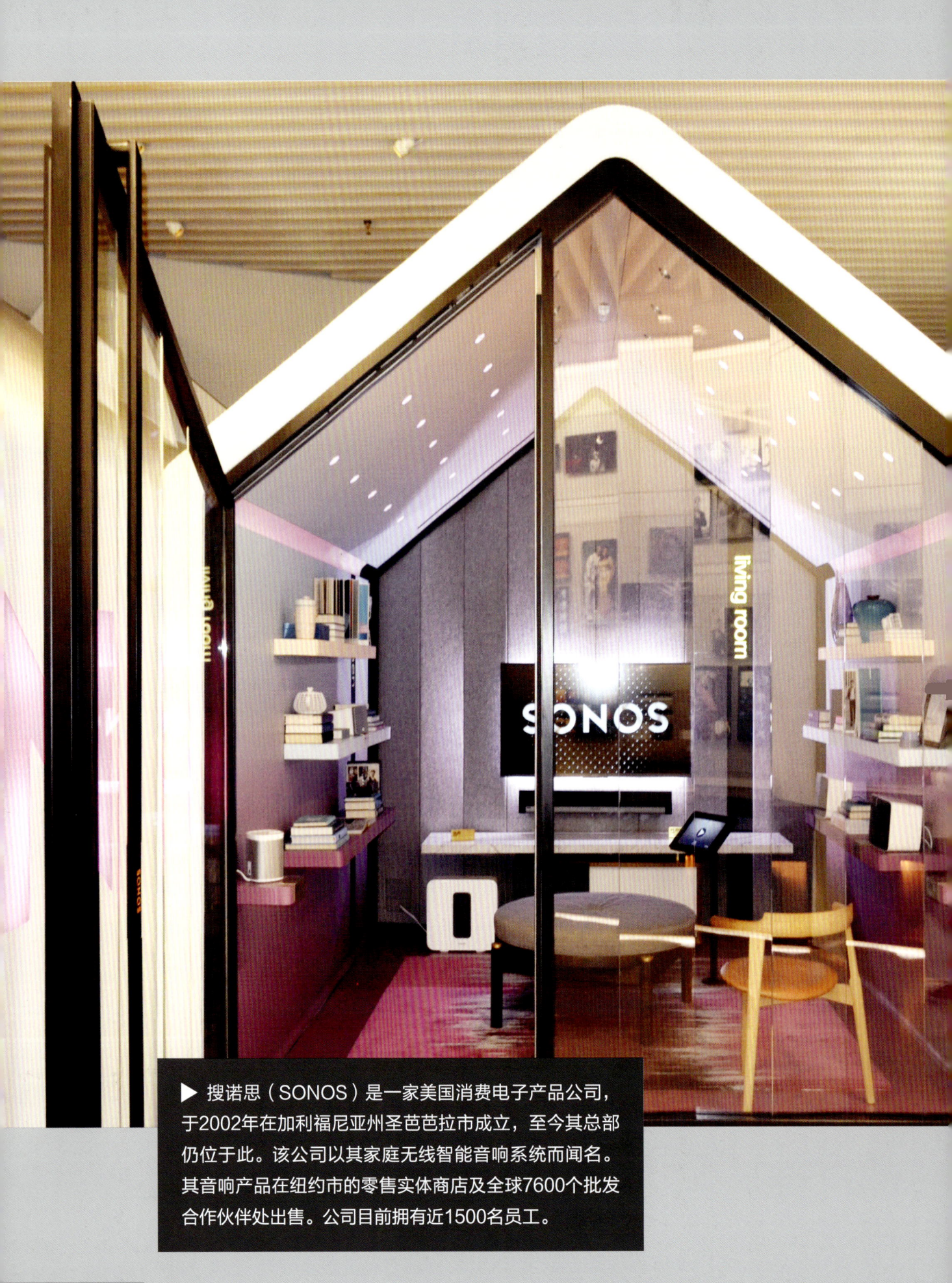

▶ 搜诺思（SONOS）是一家美国消费电子产品公司，于2002年在加利福尼亚州圣芭芭拉市成立，至今其总部仍位于此。该公司以其家庭无线智能音响系统而闻名。其音响产品在纽约市的零售实体商店及全球7600个批发合作伙伴处出售。公司目前拥有近1500名员工。

搜诺思
宾至如归

搜诺思公司面临的挑战是创造一个可以让消费者轻松试用智能无线音响的场所。这就需要营造一种氛围，让消费者感觉仿佛在朋友家中测试产品一般。

位于纽约SoHo[1]区的第一家搜诺思旗舰店在4200平方英尺（1平方英尺=0.09290304平方米）的实体商店中为消费者提供了体验的机会。实体商店中有7个非常先进的试听室，就像微型房屋一样，每间试听室都经过了特殊装修，代表着不同的生活风格。因此，几乎每个人都可以在某一间试听室中获得宾至如归的感受。在每间试听室中，每堵墙代表着一间不同的房间，以模拟各种聆听体验，消费者可以像拜访朋友一样进入一间舒适的房屋并试用智能无线音响，不会因受到干扰而分心。与此同时，消费者会发现这些智能无线音响是多么易于操作。

试听室含有四层隔音板和一扇钢化玻璃门，可以确保声音不会传出试听室。这些前期开发耗费了大量人力物力——由于无法提供理想的音质与多房间体验，最初的全尺寸原型不得不被当即拆除。如今，试听室已经成为搜诺思零售概念中不可或缺的一部分。这家实体商店展示了各类艺术家创作的艺术品和装饰品，在此之后是一堵"音墙"，它是这家实体商店的心脏，由297个智能无线音响和隔音泡沫组成。

在搜诺思旗舰店内，消费者并不会被大量产品"狂轰滥炸"，因为店内只陈列了不足10种产品。消费者也并不会听到来自各个角落的不同声音或音乐。搜诺思想要的是复制消费者在朋友家中第一次试用搜诺思的那种感觉和"惊喜时刻"（A ha Moment）。实体商店的目标不是在现场销售这些产品，而是在消费者选择产品的决策过程中帮助他们，并为他们提供独特的体验。这种方式使得每位消费者都能在实体商店中播放自己喜欢的音乐，并明白如何在自己家中使用搜诺思产品。

---

[1] SoHo是Small Office, Home Office的简称，意思是家居办公，是一种新经济、新概念，指自由、弹性而新型的生活和工作方式。——编者注

零售未死

b8ta
在租赁式实体商店的试用

> ▶ b8ta是一家创新科技产品零售商，于2015年在加利福尼亚州成立，总部位于旧金山湾区。该公司拥有近150名员工，并拥有近20家"零售即服务"模式的实体商店。b8ta是一家服务公司，为创新品牌提供实体商店展示的空间。

实体零售应该像线上购物一样简单、智能且开放，这就是b8ta公司的信条。该公司希望能让消费者亲自试用线上提供的创新产品。为此，它实施了"零售即服务"的模式。各品牌方可以轻松地在线上注册申请将其产品放置在b8ta的实体商店中，然后他们会收到有关消费者与产品的互动行为的详细分析。

这一切都始于加利福尼亚州帕洛阿尔托的一家实验店，而如今，b8ta已经形成了覆盖全美的实体商店网络。实体商店更多是用于产品展示，而非销售。b8ta希望为那些有意进军实体零售的线上销售商们提供两全其美的方案：产品或是临时或是永久性地在实体商店内展出，消费者可以在线上购买之前亲自到实体商店试用。

实体商店使用软件和摄像头追踪消费者的活动，这样各品牌方就可以了解消费者对产品的反应。只要消费者在b8ta实体商店的租赁货架上挑选产品，品牌方马上就会收到相关数据的分析，包括消费者的行为和消费者在实体商店内与产品的互动情况。

b8ta并不从实体商店出售的产品中获利，不将销售放在第一位。品牌方希望消费者可以试用他们的产品并获得详细的数据分析，也希望可以通过展示这些产品来提高宣传度。b8ta的成功理念就是为消费者提供机会试用产品、为品牌方提供消费者行为的分析。换句话说就是："零售即服务。"

▶ 三星（Samsung）是一家全球性的公司，其总部位于韩国。该公司成立于1969年，由众多子公司组成，其中大多数子公司都隶属于三星品牌。三星在世界各地都有实体商店，在三星体验店中，消费者可以试用虚拟现实眼镜等多种产品，也可以享受三星提供的多种服务。2020年，三星集团旗下最大的子公司三星电子在全球拥有近2.7万名员工。

"三星837"
零售-娱乐

三星希望创建一个消费者无须购买产品却又能获得一手产品技术体验的空间,这个目标乍看起来似乎很矛盾。三星将此目标称为"零售娱乐",旨在将文化、技术及人员融合进消费者体验之中,这正是三星在其美国纽约市旗舰店"三星837"中所提供的。

"三星837"也被称为"什么都不卖的商店"。但事实并非如此,实体店铺中确实有许多要售卖的内容,比如三星产品能为消费者提供多少愉悦感。因此,员工们并没有按照标准的销售准则来将产品推销给消费者,他们都是真正的技术与艺术的爱好者。他们善于辨认哪些顾客需要帮助,哪些顾客更倾向于一人独处。此外,店内还会提供个性化咨询服务,向消费者展示如何更好地使用产品。

主舞台设置在实体商店的入口处,搭配有96台55英寸(1英寸=2.54厘米)平板显示器组成的树形屏幕,给到店的消费者留下了深刻的印象。每年,约翰·传奇(John Legend)等顶级艺术家都会在这里举办多场音乐演出。如果当下没有艺术家在表演,消费者则可以拍摄自拍照并将其投影到树形大屏幕上,还能收获许多的"赞"。

对于诸如旅行、体育、音乐和季节性活动等当下流行的主题,店内也安排了无数虚拟现实(Virtual Reality,简称VR)体验机会。如果消费者愿意将自己沉浸在虚拟世界中,则可以转移到任何目的地,经历无数种体验。除了定期更换的互动电台外,这家实体商店另设有一个集广播、音乐与打碟(DJ)活动于一体的工作室,可以作为互动主播空间,用于广播、播客、打碟活动、现场录音及名人采访。

休息室和游戏室位于顶楼。消费者可以在这两个舒适的场所内放松娱乐,并试用三星产品。在休息室内,消费者可以用自己的笔记本工作,或者想象家中拥有60英寸平板电视的美好。位于休息室旁边的是设备齐全的厨房,内部配有最新的电器以及可以上网的冰箱。这种冰箱可以使消费者在杂货店购物时使用智能手机查看家中冰箱的存货,以确认有哪些遗漏。咖啡、甜甜圈和饼干是在"三星837"中真正可以购买的产品。当然,消费者可以在这里使用Samsung Pay[1]付款。

该实体商店中安装的许多物品都是经过精心设计的,以便到访的消费者可以拍照、摄影并将这些影像在社交媒体上与朋友们分享。因此,该实体商店的成功之处并不在于其销售额,而在于其在社交媒体上的存在感。"三星837"运用了一个聪明的零售概念,将文化活动与产品体验集合于这个"技术游乐场"的实体商店之中。

---

1 Samsung Pay是韩国三星电子的一种移动支付、电子现金及管理会员卡服务。——编者注

▶ 苹果公司是一家全球性的高科技公司，其总部位于加利福尼亚州的库比蒂诺。该公司成立于1976年，开发和销售电子、计算机软件、在线服务和个人计算机。苹果公司是科技公司中营业额最高的公司，同时也是全球第三大智能手机制造商。其产品范围包括智能手机、平板电脑、个人计算机、便携式媒体播放器、智能手表、耳机、智能音箱、软件、在线服务和支付系统。苹果公司的第一家零售店于2001年开业，目前共拥有500多家零售店，并雇用超过10万名全职员工。

（共创未来。——苹果-卡内基图书馆）

苹果
"有知识的苹果"

苹果公司是创新和用户友好型计算机产品领域的领先开拓者，而其零售方式也同样具有创新性。苹果公司的理念是：苹果零售店应该是学习和结识志趣相投者的地方。如今，苹果公司已经几近完成了其产品与服务之间的无缝连接。消费者可以在现场试用产品，并从专业人员那里获得必要的专业知识。店内的苹果商标有着双重含义，它不仅是苹果公司的体现，也包含着《圣经》中"知识树上的果子"的意味。

消费者会花费大量的时间和精力来研究他们应该购买什么产品，并且收集他们认为很重要的信息。苹果公司提出，零售商应该提供这些信息——不是以营销活动的形式，而是以免费服务的形式提供。"在苹果的今天"（Today at Apple）的培训理念正是用于提供这项服务——教给消费者使用苹果技术的实用知识。高素质的专业人员会在50多场店内免费活动中与苹果产品消费者分享专业知识。

"在苹果的今天"服务面向所有年龄段的消费者，其教育内容的难度涵盖了所有等级。在"儿童音乐实验室"（Music Lab for Kids）中，6~12岁的孩子可以使用平板电脑（iPad）上的库乐队（Garage-Band）程序了解如何为自己喜欢的节目制作主题歌曲。在一个应用程序主题活动中，成年人可以学习如何使用Keynote[1]开发和实现应用程序创意。苹果公司提供了多种多样的课程，包括摄影、视频拍摄、音乐、编程、艺术和设计等。当然，所有的课程都是针对苹果产品而开展的。

苹果教育计划旨在使消费者更熟练地使用苹果技术。人们似乎都经历过当产品无法正常工作时的那种技术层面的挫败感，因此，苹果教育计划的主要目标是分享新的使用方法，使得消费者可以学习一些新的内容，并将其知识水平提升到一个新的高度。消费者在此过程中会希望获得专业人员的帮助。这就是苹果公司激发热情、留住消费者的秘诀。

---

1 Keynote是一个演示幻灯片的应用软件，由苹果公司出品。——编者注

付费体验

零售商正在寻找机会来扩大品牌影响力。他们必须想出真正的新方法，将消费者与品牌联系起来。本章将介绍如何创建让消费者付费的品牌体验模式。品牌体验比核心业务更为重要，影响也更为长远。但公司核心业务之外的哪些业务领域适合创造品牌体验，公司又可以真正与哪些业务领域一起创建新的、真实的品牌体验呢？

多元化（Diversification）是本章的关键词。多元化是一种增长策略，使产品、服务和市场服务于公司的核心业务。多元化也可以带来新的品牌体验：杂志开拓自己的食品市场，健身工作室利用健身精品酒店将自身品牌引入消费者生活的新领域。

在尝试新的类别或行业以扩大公司业务版图时，首先要确认以下内容：哪些产品或服务有潜力为消费者创造新的品牌体验？可能是一个全新的产业，比如在威士忌酒廊开设理发店以扩展其品牌。或者是开发新的产品，以进一步地为消费者带来福利及新的品牌体验。再例如通过引入苹果公司的信用卡服务，商家可以为消费者提供从产品选择到最终购买的全品牌体验。或是通过开发相关产品拓展业务，如在香氛店提供美容护理服务来扩展品牌体验。零售商也可以考虑在新的地点提供产品的展示与体验服务，比如家具店可以在同名酒店内布置自有品牌的家具。

至关重要的是，通过付费活动实现的品牌扩展必须切实反映到消费者体验上。如果一个体育品牌开设咖啡馆，那么这个咖啡馆不应该只是产品的展示厅。的确，巧妙地摆放产品对品牌方获得成功至关重要，但这只是品牌理念的一部分。品牌理念不是通用的，它代表着一种体验，也通过多个方面反映着品牌思想。就咖啡馆而言，它涵盖了消费者从进入房间到离开房间的体验，也涵盖了家具、音乐、员工带来的体验。

为了创造新的体验，品牌方需要提供比产品更多的内容。毕竟，品牌不仅只是其产品的总和。品牌是一种体验，品牌方应该做到让消费者乐于为这种体验付费。品牌体验除了为品牌方提供新的收入来源以外，也为提升消费者忠诚度提供了绝佳机会。但是需要注意的是，不要冒险离开舒适区并远离核心业务，因为扩展新的业务及领域将不可避免占用资源，从而会导致消费者注意力转移。

采取行动

- ▶ 思考产品适合哪些相关的细分市场，或者可以使用哪些产品来增强品牌体验。

- ▶ 分析可以利用哪些合作伙伴的能力、地位或者他的合作伙伴的网络。

- ▶ 确保消费者整体体验过程都是与品牌相关的。

"

品牌不仅是
其产品的总和。

"

蒂芙尼公司
蒂芙尼的早餐

尽管蒂芙尼公司（Tiffany & Co.）是一家老牌公司，但它也不能免于要去适应不断变化的零售环境。逐年减少的结婚人数也使得蒂芙尼公司的生意更加困难了，除此之外，蒂芙尼公司也需要时刻寻找新的、令人兴奋的机会和概念，以留住现有的消费者并赢得新的消费者。为了给消费者提供额外的服务并增加消费者到店频率，许多零售商已经经营了数十年的咖啡馆业务。但是，可能没有品牌可以像蒂芙尼一样，将其咖啡馆演变成为一种全新的品牌体验。

奥黛丽·赫本扮演霍莉·戈莱特丽已经有50多年的历史了。从那以后，电影《蒂芙尼的早餐》一直是蒂芙尼品牌的一部分。如今，蒂芙尼公司已经开创了自有的咖啡馆业务，因此消费者不再需要手拿牛皮纸袋站在橱窗前了。在《蒂芙尼的早餐》的原拍摄地——美国纽约著名的第五大道上，蒂芙尼公司创办了"蓝盒子"咖啡馆（Blue Box Cáfe），为品牌引入了新的消费者。那些买不起钻石戒指的消费者，可以以29美元的价格在"蒂芙尼早餐"中自我享受，沉浸在蒂芙尼品牌迷人浪漫的世界之中。

在电影中，咖啡是装在纸杯之中的，但在当前考虑可持续性的时代，咖啡馆中并未使用纸杯。同时，蒂芙尼公司为消费者提供了全天的早餐——因为派对女郎霍莉·戈莱特丽从不会早起。咖啡馆位于蒂芙尼实体商店的四楼，与家居饰品同层，在这里消费者可以直接俯瞰中央公园。整个咖啡馆，包括里面的餐椅和餐具都使用了蒂芙尼蓝作为主色调，墙壁上另设有展示柜。咖啡馆为消费者提供了即时的奢华感受以及新的、特殊的品牌体验。

当然，蒂芙尼公司也没有忽略社交媒体。全店设置了许多易于出片的"打卡点"（photo-friendly spots），每个"打卡点"都展现了品牌颜色——蒂芙尼蓝与白色。"蓝盒子"咖啡馆为不同收入阶层的消费者提供了进入蒂芙尼公司迷人世界的机会——即使只是为了自拍也可以。

> ▶ 蒂芙尼公司，通常称为"蒂芙尼"，成立于1837年，是一家美国奢侈品珠宝零售商，总部位于美国纽约。除了珠宝与纯银，蒂芙尼公司在全球的近300家实体商店中也出售瓷器、水晶、香水、手表和配件。目前蒂芙尼雇用了近1.4万名员工。

登记入住（check in）

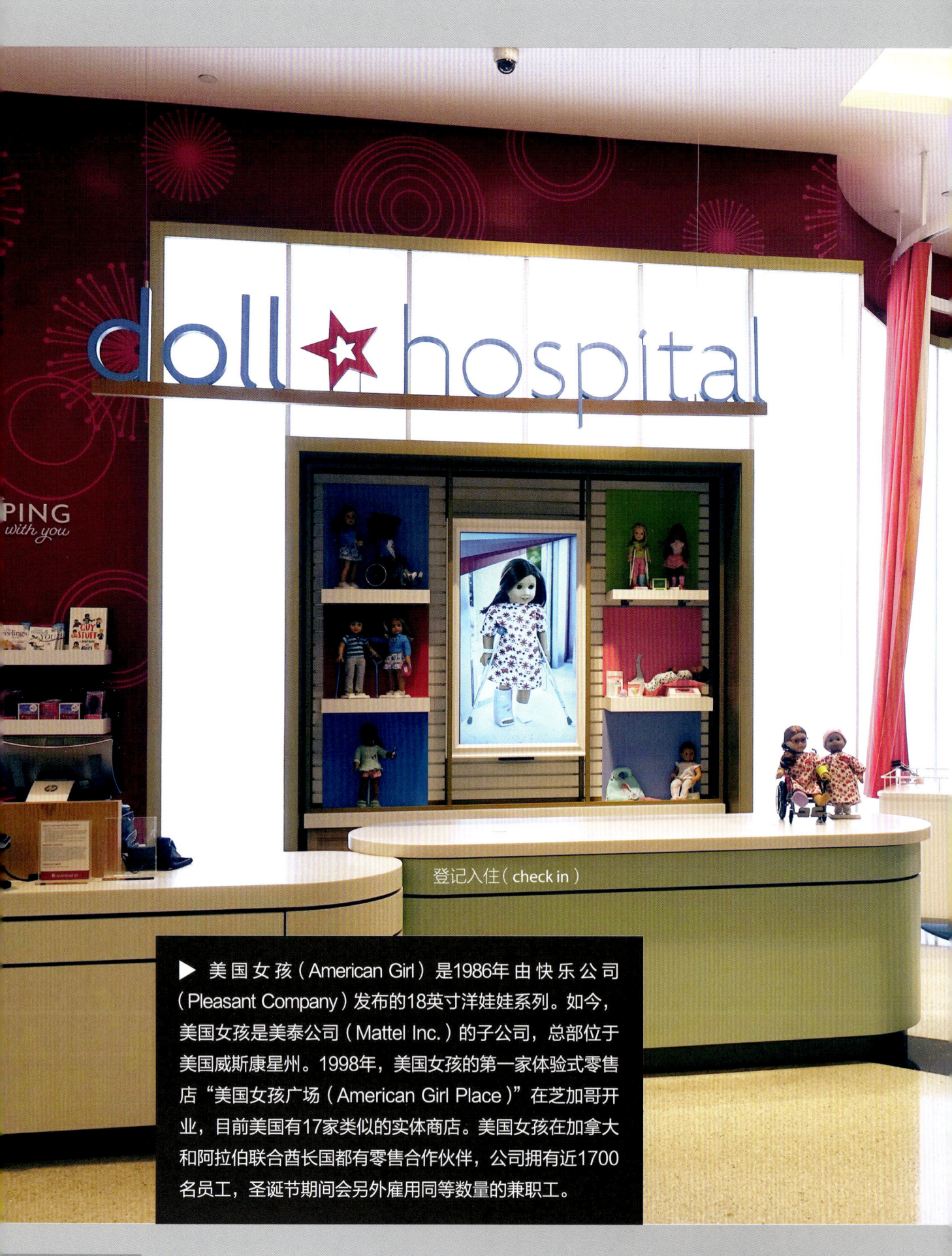

▶ 美国女孩（American Girl）是1986年由快乐公司（Pleasant Company）发布的18英寸洋娃娃系列。如今，美国女孩是美泰公司（Mattel Inc.）的子公司，总部位于美国威斯康星州。1998年，美国女孩的第一家体验式零售店"美国女孩广场（American Girl Place）"在芝加哥开业，目前美国有17家类似的实体商店。美国女孩在加拿大和阿拉伯联合酋长国都有零售合作伙伴，公司拥有近1700名员工，圣诞节期间会另外雇用同等数量的兼职工。

美国女孩
为了洋娃娃的健康

20多年前,美国女孩就发掘了基于体验的零售方式。在1998年之前,洋娃娃都只能通过邮寄的方式配送。但即使这样,美国女孩的实体商店也不仅只用于销售,实体商店中的洋娃娃都以不同场景的姿态被展示,例如小酒馆、洋娃娃沙龙、医院等一系列独家产品。不论是过去还是现在,前往美国女孩实体商店都不仅是为了购物,对于美国女孩的粉丝而言,前往实体商店是一次品牌体验。

时至今日,公司始终坚持着自己的产品理念。这些洋娃娃以不同种族的8~12岁的女孩样貌展现,并与配套的从洋娃娃视角制作的书籍一起出售。同时,美国女孩也提供各式各样的衣服和配件。目前,公司新增了一项服务,可以根据消费者的意愿,为其量身定制具有独特外观及服饰的洋娃娃。

美国女孩在几乎所有可能实践的领域中都使用了付费体验方式,并借此在实体商店中创建了包罗万象的品牌体验。万一发生"意外",美国女孩的洋娃娃医院的专家将为消费者提供帮助,从彻底清洁到"洋娃娃大手术"。消费者甚至能在这里用14美元买到洋娃娃听诊器。而在美国女孩美发沙龙,消费者可以在外观宣传册中为自己的洋娃娃选择衣服款式,并亲眼看到洋娃娃的变装过程。消费者还可以为洋娃娃预订"豪华水疗(SPA)日",其中包括装饰不干胶甲片及指甲护理环节。

在美国女孩餐厅,不论老幼都将在为消费者和其洋娃娃准备的小桌子上享用早餐、午餐、下午茶或晚餐。此外,消费者也可以预订生日派对套餐或者是贵宾(VIP)购物之夜。如果还觉得不满足,也可以预订美国女孩酒店套餐。美国女孩的合作酒店将为消费者提供住宿,并以贵宾待遇为洋娃娃服务,提供专用的洋娃娃床铺。这听起来有些疯狂?的确。但是消费者喜欢这样。

这就是美国女孩为每个消费者提供完美体验日的方式。这项花销不菲的体验不仅可以给消费者留下深刻的印象,也可以使消费者产生持久的品牌忠诚度,甚至对这些消费者的孩子们有所影响。

零售未死

无印良品
吃饭，睡觉，购物

对于零售业而言，酒店正成为它们的新展厅。越来越多的家具和家居用品零售商正在进军酒店业。原因就在于酒店是一个能让消费者和品牌产生互动的理想场所。对于无印良品而言，创办自己的酒店为消费者全方位的品牌体验提供了机会。这家日本零售商的极简产品设计理念完美契合当下时代的审美观与旅行者的意愿。

无印良品酒店的室内设计遵循了矜持、极简、功能主义的美学观，这也与无印良品在其他产品领域的大众形象相一致。其室内设计以线性设计理念为主旋律，这种理念甚至在毛巾质感、插座开关布置中都有所体现。浅色木质家具、中性质感的纺织品和绿植相结合，营造出一种令人放松的氛围。

> ▶ 无印良品（MUJI）成立于1980年，总部位于日本东京。MUJI一词源于日语，意思是"无品牌的产品"。基于此，该公司为自己制订了制造和销售简单、廉价、高质量产品的目标。如今，世界各地有超过900家无印良品实体商店，出售着各种各样的日用品、服装和食品，通常实体商店的面积约为200平方米。无印良品将所有认同无印良品品牌哲学的人视为其潜在消费者。无印良品目前在全球拥有近1.9万名员工。

目前，无印良品共有三家酒店，分别在中国深圳、北京和日本东京。日本东京店于2019年春季在银座商业区开业，银座是日本东京的奢侈品购物中心。无印良品酒店就位于无印良品旗舰店的顶层，两者共同为消费者提供了体验无印良品理念的环境。不同之处在于，在无印良品酒店里消费者可以关上门，就像在自己家中一样安心地试用各种产品。

消费者还可以购买几乎所有在无印良品酒店房间内陈列的物品，从屡获殊荣的壁挂式CD播放器，到羽绒枕头与枕套，再到牙刷架、棉签和拖鞋。即使无印良品酒店房间内都是无印良品的产品，产品的搭配使用也是经过深思熟虑的。无印良品致力于以合理的价格为消费者提供全面的品牌体验，能确切代表其品牌的关键词就是：简单、廉价、高质量。

快闪店

消费者总是希望能在零售服务中看到并体验到新事物。消费者希望得到惊喜、启发以及鼓励。这一切都可以通过消费者意料之外的店内产品或体验而实现。然而，公司如何确保在实践中能不断向消费者提供新鲜感？解决方案之一就是快闪店（Pop-up shop）。快闪店就是在实体商店中的一个区域内限时进行产品展示或提供服务。当然，这不是什么新鲜事。但新鲜的是，快闪店成为零售策略中不可或缺的一部分。

为了布置这些不断变化的快闪店，实体商店可以设置一个或多个固定区域，也可以根据需要灵活地进行安装和拆除。始终重要的是，这些快闪区域务必要与实体商店其他区域区分开来。这些区分开的快闪区域为创新性提供了各种可能的机会，也将创造新的体验及感受。这是一个重大的优势，因为"新鲜"会吸引消费者。第二个重大优势在于快闪店提供的内容是具有限时性的。毫无疑问，每个人都能想到：如果消费者知道某个产品即将下架，那么他们就有可能更着急地进行购买。

开设快闪店也是测试新事物的绝佳方法，新事物可以是新的品牌、新的概念、新的产品或者新的产品衍生物。例如，如果零售商正在考虑引进新产品，那么利用快闪店进行测试是绝佳的方法。在这里，零售商可以直接与消费者进行交谈并获得反馈。由于快闪店的规模较小，以及快闪店与实体商店的其他区域看起来已经有所区分，因此，根据消费者的反馈对快闪店进行快速调整是毫不费力的。也正是因为如此，"测试实验室"快闪店可以在短时间内提供有价值的数据，包括消费者对新产品的反馈。

另一种快闪店的应用模式是与有相同消费者群体，或是承诺能够扩大消费者群体的公司合作。借助合作快闪式零售，零售商可以提供原本由于缺乏专业知识而无法实现的产品或服务。或者，零售商也可以将快闪区域出租以获取利润。品牌方通常愿意为实体零售中的产品更高出现率而付费，或者是承担设计、生产与搭建快闪店的费用。与自己的产品供应商探讨快闪店总归是值得的。在任何方向零售商和产品供应商都可能建立合作伙伴关系。零售商可以在自己的实体商店中建立一个快闪区域，或者是找到能同意在其实体商店的特定区域销售自己产品的合作伙伴。除了零售，快闪店也可以用于举办活动。

或许，零售商也想展示实体商店中的一些精选产品。在这种情况下，快闪店概念也是最好的选择。一个主题、趋势或是系列的产品都可以使用这个概念。以万圣节为例：从服装到糖果再到装饰品，所有与捣蛋有关的事物都被集合在一起。当下流行趋势也与快闪店概念适配，零售商可以利用快闪店汇总当前消费者最感兴趣的产品。

不论创造哪个产品系列，其概念的成功需要的是高频的消费者到店。实现这一目标的方法之一是利用当地的社交媒体。通过正确的话题标签和精心策划的活动，将消费者吸引进实体商店，再令他们在快闪店中获得新的品牌体验。

快闪店可以成为零售业务的永久策略，用于为消费者提供不断变化的新产品和新体验。快闪店为零售商提供了一个消费者直接反馈的测试区，这对于公司的决策非常有价值。考虑到高度的灵活性与搭建速度，快闪店可以是良好的、不断变化的测试区。同时，借助一点点创造力，快闪店的搭建成本也可以控制在合理范围内。

采取行动

▶ 为快闪店选择品牌、概念、产品、合作伙伴或主题，使快闪店为消费者提供新的品牌体验。

▶ 将快闪店放在实体商店中消费者经常光顾且清晰可见的区域。对于快闪店的设计，要充满创意感，不要担心快闪店与实体商店的其余部分完全不同。

▶ 与消费者交谈并立即采取措施，以确保快闪店获得最大的成功。

富乐客
快闪巡展

篮球是美国的一项非常流行的运动项目，在美国篮球赛季期间，数以万计的球迷会聚集在各项篮球大型活动中。这些球迷中很大一部分都完全契合HOH的目标群体。与其费力尝试让这些球迷进入实体商店，不如做相反的事情——将实体商店带到球迷身边。这正是富乐客公司利用"场边HOH"快闪店做的事情。

在2018—2019美国职业篮球联赛（NBA，后文简称"美职篮"）赛季开始时，富乐客与其他品牌共同成立了合资公司。他们共同举办了在美国最重要的篮球赛事中的快闪巡展。"场边HOH"会在快闪巡展中发布独家产品，例如乔丹和匡威的运动鞋，以及运动服和获得美职篮销售许可的产品。"场边HOH"快闪店的亮点在于其定制区域，运动员和球迷都可以在这里改造产品，使其独一无二。因此，即使在比赛前后，球迷都能沉浸在美职篮赛事的氛围中，从而获得难忘的体验。

"场边HOH"快闪店的外形是基于几个大骰子设计而成，每个骰子占地0.74平方米，可以单独放置。最重要的是，每个零部件都可以毫不费力地运输。一个"场边HOH"快闪店可以在三周内搭建完毕，由带木框的钢结构、LED照明、集成式隔断墙和图形元素构成。

"场边HOH"快闪店巡展取得了巨大的成功。在短时间内，成千上万的人获得了全新的品牌体验，成千上万的鞋子实现了个性化改造，有些产品很快就被抢购一空。"场边HOH"的社交媒体策略也是非常成功的，"场边HOH"快闪店在社交平台上获得了大量展示，这是因为消费者拍摄了大量照片并进行了分享。

▶ 富乐客（Foot Locker）公司是一家全球运动鞋和运动服装零售连锁店，成立于1974年。公司的总部位于美国纽约的曼哈顿。在全球27个国家和地区拥有近3200家实体商店及近5万名员工。其产品包括运动鞋、运动服装和配饰。2007年，富乐客推出了"House of Hoops"品牌（下文记作HOH），以独立实体商店或店中店形式运营，用于提供一系列乔丹和匡威的高级运动鞋和服装。

诺德斯特龙
快闪精品店

早在几年前，诺德斯特龙（Nordstrom）就制定了一套快闪策略来定期为消费者提供独特的体验。在这种情况下，年轻的消费者以及通常不会在诺德斯特龙购物的人都成了目标群体，有了到店购物的可能。精品店是独立零售商的典型特征，而快闪策略的目的是设立一个精品店般的永久性快闪区域，故意破坏实体商店的统一性。

自2013年年底，诺德斯特龙快闪店（Pop-in@Nordstrom）就已经开始营业，并为消费者提供了一系列主题的快闪店。每4~6周，快闪店会更换一次产品，以不断为消费者提供新的有趣体验，吸引他们再次前来。这一概念有两种变体，一种是由精心挑选的多种产品类别和品牌组成的主题快闪店，另一种是仅与一个品牌合作的快闪店。后者将更利于新锐设计师在实体零售中获得展示的机会。

快闪店的产品是精心挑选的，有着一致的主题。快闪店所涉及的产品通常在诺德斯特龙的实体商店中无法找到，因此，那些经常在百货中心购物的消费者可以借助快闪店了解新事物——从新兴标签到收藏品再到奢侈品。快闪店的概念主题会将所有当前的流行趋势考虑在内，旨在为消费者提供诺德斯特龙的团队成员自身可能正在使用的产品。

快闪店会针对每个主题进行单独设计，这一次又一次地勾起了消费者的好奇心与惊喜感。从诞生选择及购买产品的灵感，再到实体商店内实施，这一切都非常迅速，仅需几个月的时间。

▶ 诺德斯特龙公司（Nordstrom Inc.）是一家美国奢侈品连锁百货店，其总部位于美国华盛顿州的西雅图。该公司成立于1901年，拥有近7万名员工，在美国和加拿大拥有近400家实体商店。其主要销售服装、配饰、鞋子、化妆品和香水。在部分实体商店中，也设有婚礼服装和家具部门。

零售未死

约翰路易斯
店内一夜

▶ 约翰路易斯（John Lewis & Partners）是英国的奢侈品连锁百货商店。自1864年在英国伦敦的牛津街开设第一家商店以来，目前约翰路易斯在英国已开设了50家实体商店。2017年，该公司拥有近3.8万名员工，这些员工也同时被视为合作伙伴。实体商店的平均销售面积约为1.2万平方米，提供时装、化妆品、家具和家居用品。其核心目标群体是35~44岁的中年男女。

多年来，"健康门店"的概念一直很受消费者欢迎，这是有充分理由的。因为在这个瞬息万变、全球互联的时代，平静的时刻正变得越来越珍贵。因此，与睡眠产品类别相关的策略正变得越来越重要。睡眠主题涵盖了从床垫、床上用品再到睡衣和夜间护理等产品。约翰路易斯与生活方式博客"The Midult"合作，开发了带有睡眠相关产品的快闪店"躺平俱乐部"（The Lying Down Club）。

无须费力，约翰路易斯直接将伦敦旗舰店三楼的床品部门改造成了一间卧室。在下午六点至八点的快闪活动时间中，消费者有机会在这里小睡片刻。当消费者抵达后，他们会收到舒适的浴袍、拖鞋，带降噪功能的耳机以及飞机上发放的同款眼罩。消费者可以选择一位按摩师进行按摩，或是戴上虚拟现实的眼镜去马尔代夫短暂地"旅行"。而那些只想安静休息的消费者可以躺在刚刚铺好的床铺上放松一下。

睡眠不足需要休息的目标客群非常庞大，因此两小时的体验活动必须提前预订。一间双人房需付费15英镑，最多可以容纳两个人，并包含各种小吃和服务。为期两天的快闪活动吸引了许多关注，全世界的媒体都报道了这个位于城市中心的横向品牌体验。

▶ 1833年,耶尔莫利(Jelmoli)时装店在苏黎世成立。如今,耶尔莫利已经成为瑞士最大的高档百货商店。其销售区域共有6层楼,约为2.4万平方米,包含近1000个品牌,店内拥有超1000名员工。其产品范围包括服装、配饰、化妆品、珠宝和家具。此外,耶尔莫利高档百货商店还配有餐厅和菜场。25~55岁的男女是耶尔莫利的核心目标客群。

耶尔莫利
"创新目的地"

耶尔莫利为自己制定了目标，计划为小型智能设备与技术创新的粉丝创立一间快闪店。为此，耶尔莫利在2018年与英国创业公司Smartech建立了合作伙伴关系，从而开设了"创新目的地"（Destination to Innovation）快闪店。

作为合作伙伴，是什么让Smartech如此具有吸引力？Smartech追踪全球的技术创新项目，并帮助发明者讲述他们的故事。其产品系列仅包含那些具有前瞻性的优秀产品，而如今这些产品都可以在瑞士最大的百货商店耶尔莫利中购买。在耶尔莫利百货商店中，Smartech展示了独家的休闲设备，例如可瞬间调换图片的相框、可以在水下随意拍照并上传到社交网络的色拉布智能眼镜、可以独立飞行且跟随用户的无人机、为狗狗设计的趣味投食与视频系统等。

所有设备均可以在快闪店内直接试用。此外，店内显示屏上还有一些有趣的视频和产品的背景信息。对于耶尔莫利的消费者而言，不断变化的创新产品带来的实体商店产品范围的拓展是令人激动的。这种策略显然是有效的，其成功使"创新目的地"快闪店成了耶尔莫利不可或缺的一部分。

（世界上最大的百货零售店　梅西百货）

梅西百货
服务式零售

借由其快闪店"梅西市场"（The Market@Macy's），梅西百货设立了新的标准。部分实体商店提供了作为快闪空间进行出租的区域，这一策略被称作"服务式零售"，使梅西百货可以频繁地为消费者更换新兴产品，进而使得消费者到店频率提高，并通过收取租金和提供其他服务获得更多收入。

这项服务面向那些希望能在实体商店中测试新概念的品牌方，同时又无须它们花费大量的时间和成本来建立专属自己的实体商店。快闪区域的面积约为938平方米，租期为1~3个月。这些区域位于具有较高客流量的主要位置上，租用的品牌方可以获得全部销售收入。对于品牌方而言，快闪服务非常实用的功能在于梅西百货会提供一份全方位的服务计划，包括根据品牌方的品牌愿景进行快闪店布置以及为快闪区域提供受过培训的销售人员。此外，品牌方还会收到全面的数据分析，例如每日销售量、访客人数和转换率。

为了启动快闪店的第一个圣诞季活动，快闪店"梅西市场"与脸书建立了合作伙伴关系，在快闪店中销售150个在社交媒体平台上做广告的电子商务品牌的产品，产品范围包括服装、配饰、美容、家居装饰、科技产品等。

快闪店对梅西百货公司有很多好处。首先是快闪店利用了空余区域，为消费者提供变化频繁的产品类别。其次除了租金收入，梅西百货也可以借此洞悉消费者对于新兴产品的喜好与购买行为。

> ▶ 美国梅西百货公司（Macy's）是由罗兰·哈斯·梅西（Rowland Hussey Macy）于1858年在美国纽约创立的。自2015年以来，梅西百货就是美国零售额最大的百货连锁店。其纽约旗舰店销售面积约为11.6万平方米，是世界上销售面积最大的百货公司之一。梅西百货在美国有近680家分店，旗下还包括布鲁明戴尔百货店（Bloomingdale's）近36家，Bluemercury[1]美妆连锁店约170家，总共雇用了近13万名员工。梅西百货的产品范围包括时装、配饰、珠宝、化妆品、香水、厨房用具和家具。梅西百货为所有消费者提供产品，但其主要目标客群是16~34岁的中等收入水平的女性。

1　Bluemercury是一家主营奢侈美妆护理用品及水疗（SPA）服务的线上零售商。——编者注

社区中心

在当下时代，许多人正忍受着孤独甚至社交孤立，但鉴于人们在社交平台上与数百位"朋友"联系的人际网，孤独就成了一个悖论。然而，有专家认为正是这种持续的线上联络加速了真实关系的衰落。2018年，英国甚至建立了一个孤独部门。年轻人格外渴望加入模拟社区，这为零售公司提供了绝佳的机会，因为实体商店可以成为社区的一部分，而不仅作为展示和销售产品的地方。相反，实体商店可以成为人们聚集在一起并交流思想的地方。社会学家将其称为"第三空间"（third places），也就是在家庭和工作中，为了社交互动而前往的地点。这听起来几乎像是古早[1]的社区中心——确实听起来很奇怪。但是实体商店如何变成这样的社区中心呢？

随着零售额的下降，实体商店需要基于销售额来调整库存，这通常会导致销售空间出现空余。这些未使用的空间为零售商提供了创建所谓社区聚会场所，即会面场所的机会。

零售商应当创立一个促使消费者延长停留时间的区域，在这里，零售商不仅为消费者提供自己的产品，更是为消费者提供休闲活动的机会，例如提供文化活动或创建共同工作的空间。这种社交空间以及其与社区的融合将提高消费者的到店频率及忠诚度，同时也会增加其他收入来源。

为了创建这种社区聚会场所，零售商需要获得并维护消费者的信任感，那么赢得消费者信任感的最佳方式是什么呢？是给予消费者一种感觉，让他们觉得自己与品牌方的每项活动都有关联，而不只是品牌方想向他售卖产品。

消费者需要有充分的理由才会想在实体商店中与他人相遇。理由可能是每周在运动服品牌店里上瑜伽课，或者是每周六在年轻时尚零售商的休息区表演的打碟活动。这些活动不仅会吸引当地人，也会为消费者提供社交的机会，这正是零售商将自身确立为社区重要组成部分的方式。

零售商也可以采取策略，使其能为消费者提供与其日常需求相关联的服务。策略可以是店内餐厅，也可以是在牛仔实体商店内时髦的投币自助洗衣店。在当地条件允许的情况下，也可以租用某个区域安排日常活动，从而将社区中心这种服务转变为品牌体验。

建立共同办公区域也是建立社区感的好选择。越来越多的员工要求有灵活的办公时间，因此越来越多的公司为此提供了不同的解决方案。其中一种日益受欢迎的解决方案是居家办公。但居家办公面临的最大挑战之一是缺乏对同事和团队的伙伴关系的感知。这就是为什么近几年共同办公的场所迅猛增加。但是如何为年轻员工和自由职业者创建相对轻松的会面场所？这需要零售商提供适合团体会议的良好座椅、高速的无线网络以及适合品牌方和目标消费者的活动。

零售商应当想办法让消费者将实体商店当作社交聚会场

---

[1] 古早指的是有一些历史，令人怀念的东西。——编者注

所并确保其定期或长期经常访问。将实体商店打造成为消费者需要的，具有切实附加价值的"第三空间"。社区活动不仅是为了销售产品，更将为消费者提供难忘的品牌体验，并建立品牌信任。

》采取行动

> ▶ 在实体商店中确立一个区域，用于社区的定期聚会。
>
> ▶ 思考能为社区提供哪些在未来可以创造到店机会的好处和附加价值。
>
> ▶ 分析哪些活动、服务或者是合作伙伴适合用于建立社区聚会场所。
>
> ▶ 通过社区活动建立用户信任。确保产品是活动的一部分，而不是活动的全部。

> 通过提供切实的附加价值，实体商店将成为社区的一部分。

露露乐蒙
品牌俱乐部

"流汗、成长、连接"——这是露露乐蒙（Lululemon）的品牌理念，这意味着志趣相投者一起运动出汗并实现健身目标，通过冥想实现个人发展，并形成志趣相投者的社区。基于此创建一个消费者可以共同实践这一理念的地方，成了露露乐蒙的愿望。

露露乐蒙的策略是在其实体商店内提供健身课程。每周员工会将家具和产品移到一旁并铺开瑜伽垫，这样实体商店就变成了瑜伽工作室。课程是免费的，由所在社区的瑜伽工作室的教练主持。如今，这种策略已经在其全世界的实体商店中推行。消费者前往实体商店参加活动，实体商店成了志趣相投的人良好的聚会场所。

因此，露露乐蒙不再仅仅是一个购买产品的地方，它拥有着令人愉快的附加价值。一方面，消费者会因此更加频繁地到访实体商店，延长店内停留时间，也直接对销售业绩产生影响。另一方面，它使得员

> ▶ 露露乐蒙公司成立于1998年，是来自加拿大的运动服装零售商。该公司的总部位于温哥华，在北美、亚洲、欧洲和大洋洲拥有400多家实体商店。超过2万名员工在这家灵感源自瑜伽的公司工作。露露乐蒙主要销售男女运动衬衫、短裤、长裤，休闲服装和瑜伽专用配饰。

工与消费者之间建立了更为紧密的关系，员工更了解消费者的愿望、需求和爱好。

如今，露露乐蒙正在计划开设更大的实体商店，以便为相关的体验活动创造更多的空间。在美国芝加哥，露露乐蒙已经开设了这样一家实体店，其中包含两个健身室、一个冥想区和一家咖啡馆。这家实体商店的面积约为1858平方米，每天提供6~10门课程，可以让消费者像在传统瑜伽馆中一样进行训练。如果消费者忘记带训练服，可以向露露乐蒙借用。

此外，露露乐蒙还制订了一项会员忠诚计划，使得粉丝群体对该品牌的印象更具实体性，并与其建立更紧密的联系。该计划每年需要会员支付128美元，这笔费用中包括一条等价的长裤或短裤。此外，参与计划的会员可以参加定制的健身课程。

露露乐蒙每年都会策划并实施4000多个活动，其中较大的活动如加拿大温哥华的SeaWheeze半程马拉松赛以及加拿大埃德蒙顿和多伦多的十公里（1公里=1000米）长跑。较小的活动包括免费的店内冥想或瑜伽课程、跑步俱乐部等其他当地活动。

这就是露露乐蒙成为国际主流品牌的方式，它向世界展示出其不仅是产品，更是社区的一部分。

▶ 美国第一资本投资国际公司（下文中简称"第一资本"）是一家专门从事信用卡、个人银行业务和商业银行业务的金融控股公司。自1994年在美国弗吉尼亚州成立以来，其目前在美国、加拿大和英国已经开设了近900个分支银行。其中，约有30家已经改造为"银行咖啡馆"。第一资本银行是美国第八大银行，拥有近5万名员工。

第一资本
社区银行

目前，第一资本（Capital One）传统的本地银行业务与其分行都不被看好，许多分行已经被永久关闭，导致这几年来银行的分行数量一直在减少。造成这种情况的原因有很多，其中便捷的网上银行有着重要的影响。但并不是所有人都希望或是有能力完成数字形式的银行交易，例如线上转账。部分本地客户确实处于困境之中。

银行员工确实不再像以前那样忙碌或是被需要。然而，许多财务问题仍然需要通过专家及私密对话解决。毕竟，在涉及敏感话题时，并非每个人都愿意相信网络世界。因此，第一资本决定以自己的策略来对抗这种在线业务趋势，它向人们展示了未来的、先进的支行应该是什么样子的。

在美国，第一资本在金融交易与咖啡馆之间建立了联系。第一资本分行中的咖啡馆内提供热饮、食物、免费的无线网络和大量座位，可以让客户在这里安心地喝杯咖啡或是在笔记本上工作。这里也有免费的自动柜员机（ATM）以及特殊区域，客户可以在这里获得来自专家的有关财务事宜的建议。咖啡馆是由皮爷咖啡（Peet's Coffee）提供服务。作为第一资本的客户可以以半价购买咖啡。

"银行咖啡馆"在日常业务中有多成功呢？最初，它被当作普通的咖啡馆。而后，开放式的室内设计、裸露的天花板系统与各种的木质结构，以及室内遍布的社交桌、椅子、沙发、私密角落、工作区、会议室、交互式屏幕与插座，使得咖啡馆成了社区里热门的工作或休闲聚集地。

除了免费的经济咨询，第一资本还举办了有关财务计划、电影之夜及社区免费瑜伽课程的活动。在这里，你既可以只是在一个安静的环境中享用咖啡，也可以在需要的时候咨询金融产品和财务理念。这个策略里一个很重要的元素是，没有强硬的销售团队或者销售话术迫使客户讨论银行产品。金融顾问们只会解答有关财务、在线银行业务或者在客户需要的时候谈论第一资本的产品。这种有所保留的互动方式建立了客户的信任感，可以加强并拓展银行与忠实客户群之间的关系。

第一资本咖啡馆使得银行业务再次为所有人所用。同时，客户可以自然又轻松地体验品牌服务。这一概念完全应对了目标客户群体的需求，在银行与客户之间建立了情感纽带，这已经不仅是普通的成功。凭借其社区银行，第一资本已经彻底地改变了其品牌的业务范畴。

美鹰傲飞
洗衣与聚会

美鹰傲飞（American Eagle Outfitters）的纽约市中心联合广场店紧邻着纽约大学的宿舍区。这也就意味着这家实体商店已经最大限度地接近了其目标客群。那么，在此时此地为居住在该地区的学生建立一个社区聚会场所就是必然的选择。美鹰傲飞在这里建立了工作室并提供了完善的、适合年轻消费者的品牌体验。

在工作室中，最具创新意义的就是一面由洗衣机与干衣机集合而成的墙体。近年来，由于曼哈顿的公寓租金昂贵且空间有限，有时难以放置洗衣机，自助洗衣店已经成为大城市中不可缺少的一部分。由于部分管道不适合洗衣排水，纽约许多租赁公寓甚至禁止安装洗衣机。因此，美鹰傲飞为那些预算紧张的消费者在店内定制了这一服务。

这一目标客群覆盖了步行距离之内的庞大群体，但这还不够。美鹰傲飞在店内设置了一个"制造者店铺"（Maker's Shop），用于牛仔裤的定制。消费者的创造力几乎是无限的，从裤子上的各种补丁到各种皮革标签，每个消费者都可以设计自己独特的牛仔裤。

实体商店顶层是一间可以欣赏公园美景的休息室。在洗涤或者烘干牛仔裤时，这间休息室就是一个共同办公或是安静闲坐的聚集地。这里有一个酒吧区，设有一些大桌子和椅子，插座和免费的无线网络。

自助洗衣店、休息室与工作区、个性化产品设计站提供的不仅是实用的服务，通过提供这些服务，美鹰傲飞已经成为周边学生聚会的首选场所。

> ▶ 美鹰傲飞公司是一家美国休闲服饰和配饰连锁店，其总部位于宾夕法尼亚州的匹兹堡。该公司成立于1977年，在全球拥有近4万名员工，并拥有近1000家实体商店。实体商店的平均面积约为500平方米，为目标客群的男女学生提供时尚的服装、配饰和护理产品，其消费者的平均年龄在15~25岁。

巴克莱银行
当地的创新领导者

过去，银行在城市和社区中发挥着重要作用。与教堂或是集市一样，银行在社会结构中是公共部门不可或缺的一部分。数字化的发展不仅改变了这些办理业务的场所，也改变了社会的空间结构。往往在某地的银行支行关闭后，当地的社区也会随之消失。

在这种发展现状的背景下，巴克莱银行提出了一个概念，可以使得当地银行重拾其价值，并让创业公司及个人有望获得关于创新项目的支持。

作为实验项目，老鹰实验室（Eagle Labs）于2016年开始运营，其首要目标是使本地公司参与并推动数字革命。为此，巴克莱银行聚集了居民、客户、科学家以及关键行业的公司，保证创业公司及企业家们能够一同获得现场的帮助，以实现他们的理想。老鹰实验室也提供了一切实现目标所必需的事物——社区活动室、相关资源和专业知识等。

在第一次实验取得巨大成功之后，巴克莱银行便将这一概念扩展到了其他分行。针对当地公司的需求以及各个行业的区域经济实力，在当地银行内特地设置了一个专门区域用于提供必要的资源——如专家指导、3D打印机或激光切割机。因此，创业公司可以在现场快速且高效地生产出新产品的原型。

此外，为了支持当地公司，每个老鹰实验室都会为研讨会或新人团建提供活动室。同时，为了激励年轻人，老鹰实验室也邀请了学校班级参与活动，使得这里不仅是公司的支持地，也是所有人都能使用新技术的地方。毕竟，任何人都有能力使用这些设备。

老鹰实验室的推出不仅是为了当地社区的公司，也是有利于整个社区的有效策略。因此，在加深了与当地企业家关系的同时，巴克莱银行也营造了一种社区氛围，使其成了一个值得信赖的品牌。

> ▶ 巴克莱银行（Barclays PLC）是一家跨国金融服务公司，专门从事零售和公司银行业务以及理财和投资管理服务。巴克莱银行于1690年在英国伦敦成立，自此以后它一直以创新而著称。1967年，巴克莱银行提供了世界上第一台自动柜员机。如今，该公司在全球近60个国家或地区经营业务，在英国设有2100多家支行，以及近8.5万名员工。

科技零售

实体商店内技术是实体零售业讨论的重点话题。每个人都可能看过或听过VR、AR或RFID之类晦涩难懂的英文缩写，它们到底是什么意思？这些科技技术到底为零售业带来了什么实际的好处？首先需要明确一个观点：这些技术的引入是不可避免的，是既定事实。毕竟，技术可以提供的机会拥有着绝对的优势。然而尽管如此，目前大多数零售商似乎仍在阻止而不是利用店内的技术优势，使其比竞争对手领先一步甚至更多步。

增强现实（Augmented Reality，简称AR）等技术可以增强店内的"真实性"，这意味着体验将超越现有的物理元素。另一方面，虚拟现实创造了一个新的现实，可以带来更多的消费体验或是消除客户体验中的痛点。

当然，这些都是比较常见的店内技术，但是，许多店内技术提供的服务并不明显。好的店内技术要让消费者尽量难以发现消费体验背后蕴藏的技术。以人工智能（Artificial Intelligence，简称AI）技术为例，它可以融合无限量的信息，使用算法对信息进行评估并自动添加信息，因此它的应用范围极广——从包含完整的公司知识的客户服务到针对新到产品的预测，再到根据客户面部表情进行的情绪评估。人工智能几乎能实现任何事情。

射频识别（Radio Frequency Identification，简称RFID）技术同样令人着迷，它主要在具有射频识别功能的后台工作。利用射频识别技术，零售商可以实时更新库存，追溯客户在店内的行走路径并提供有关客户行为的数据。

使用技术的目标是什么呢？提升客户体验、优化销售流程、节约销售时间？然而终极的问题是：哪个是适合公司及其目标的技术呢？我将在这一章深入讲解这一问题。

增强现实技术

几乎所有人都知道2016年那场由手机游戏"精灵宝可梦Go"（Pokemon Go）带来的热潮，当时街上到处都是跑来跑去的人，他们盯着智能手机，以寻找并捕捉五颜六色的宠物小精灵。通过手机的显示，这些虚拟生物仿佛真实存在于玩家所在的位置——比如公交车站、商业街或是公园的树后。这个应用程序通过超十亿次的下载，使人们了解了增强现实这一技术及其用途。

增强现实是指通过视频或者类似视频等虚拟信息模拟仿真，实现对真实世界的"增强"。增强现实技术的核心是将数字信息整合到用户的真实环境中。用户只需要使用智能手机或平板电脑搭配相应的应用程序就可以使用这一技术。移动设备利用相机识别图片或者图案，发出指令来激活软件，实现如播放视频或融合信息等操作，将真实环境与增强现实相连接。

"精灵宝可梦Go"让玩家迈出家门，在大街上寻找虚拟的宠物精灵。这对零售商又意味着什么？这意味着零售商也可以将这种类型的客户体验引入他们的实体商店。除了娱乐性的互动，增强现实技术也可以提供更多种选择，以消除消费者在店内游览期间遇见的障碍或问题，甚至将问题转化为积极的消费体验。

我们都经历过"选择困难"——可供选择的产品越多就越难做出决定。如果消费者想试用所有的产品，那么消费者就会经受压力极大的购物体验。但增强现实技术可以解决这一问题——"魔镜"使消费者可以在一众产品中点击挑选，并看到自己试穿产品的虚拟场景。只需点击一下，就可以在自己的脸上进行口红和眼影的虚拟试用，从而消除消费者的压力。增强现实技术下的产品试用不仅节省时间而且充满乐趣。

因此，增强现实技术可以通过新颖的方式整合到营销策略中。每种体验都可以根据营销主题进行量身定制，只需按一下按钮就可以实现季节性调整。因此，在有适当准备的前提下，实体商店可以轻松切换至下月的营销主题（如从夏季主题切换到秋季主题）。

为了在这个数字驱动的世界中生存，零售商需要发挥创造力。增强现实技术可以帮助零售商跟上竞争，甚至领先于竞争对手。目前，基础的增强现实应用程序价格合理，零售商即使营销预算不高也可以应用增强现实技术。应用程序的数量并不重要，重要的是能否将消费体验中的缺陷转化为积极的品牌活动。但以专业的方式开发此类应用程序是非常重要的，毕竟，技术的提供方需要确保技术能为消费者带来积极的体验。

采取行动

> ▶ 增强现实技术可以改善消费者体验的哪些方面?
>
> ▶ 针对消费者体验,增强现实体验的主题应该是什么?
>
> ▶ 不要只是为了拥有技术而使用技术,而是要为消费者提供附加价值而使用技术。

> 发挥创造力才能在这个数字驱动的世界中生存。

飒拉
利用增强现实图像购物

从2018年起，当您路过飒拉实体商店橱窗时可能会惊讶地发现橱窗中并没有产品，有的只是一个加粗的标语，上面写着"在增强现实中选购衣物"，并简要地说明了其工作原理。消费者将飒拉应用程序下载到智能手机上之后，将相机对准商店橱窗，就能在手机屏幕上看到以商店橱窗为实体框架的虚拟时装秀。

在全球超过100家实体商店中，飒拉在限定期间内为消费者提供了各种增强现实体验的服务。除了前文中提到的商店橱窗，智能手机应用也实现了店内展示台、线上购物发货箱的动画处理。在店内的增强现实体验中，全息图里的模特可以穿着实体商店中展出的服装，并在7~12秒的时间内摆姿势、与消费者交谈。接着，消费者可以直接点击"选购衣物"并在线订购产品，也可以选择在店内完成购买。飒拉鼓励消费者通过该应用程序拍摄全息图的照片，并在社交网络上进行分享。

敢想敢做——为了实现这种增强现实体验，飒拉在近168平方米的舞台四周配备了68台摄像机并创造了一系列模特影像，因此消费者可以随时在实体商店中通过增强现实技术使用它们。为此，实体商店也配备了无线网络。

飒拉通过这种不寻常的方式展示了如何在实体商店中利用增强现实技术，令人印象深刻。利用增强现实技术，消费者可以参与互动，并几近于亲身体验时装秀的魅力。

▶ 飒拉（ZARA）是一家西班牙的快时尚零售品牌，隶属于全球最大的服装零售商之一——印地纺集团。该公司成立于1975年，在近100个国家和地区中拥有超过2000家实体商店。飒拉以其快速响应的供应链而闻名，其产品设计完成后，只需10~15天即可在实体商店上架。飒拉的产品主要包括女装、男装和童装，其目标客群是对最新时尚趋势感兴趣的男女。

▶ 夏洛特·蒂伯里（Charlotte Tilbury）是一位英国化妆师，也是其同名美妆护肤品牌Charlotte Tilbury（后文简称CT）的创始人、董事长、总裁兼首席创意官。这家英国伦敦公司在美国洛杉矶，英国伦敦，卡塔尔，阿拉伯联合酋长国迪拜及阿布扎比，科威特和中国香港设有8家实体商店。此外，其产品在英国、北美、欧洲、中东和亚洲的百货商店和电子商务点均有销售。目前，该公司拥有近1000名员工。

CT
模拟造型

夏洛特·蒂伯里曾担任许多大型品牌、明星和模特的化妆师。她的许多工作成果都刊登在《时尚》(*Vogue*)和《名利场》(*Vanity Fair*)等顶级杂志的封面上。在她开创了自己的美妆护肤品牌CT后不久,品牌就取得了巨大的成功。从一开始,CT的产品在美妆教程频道中就有很强的影响力,而CT品牌对新科技的依恋也体现在了其实体商店中——在实体商店中为消费者提供具有先进的增强现实技术的"魔镜"。

消费者可以预订一次45分钟的店内妆容提升服务,只需从十种典型的CT妆容中挑选其一。通常,挑选妆容并不是那么容易的,因此CT开发了特殊的"魔镜"来促进消费者决策进程。消费者只需坐在镜子前并选择其中一种妆容,"魔镜"就会对此进行详细的现实模拟,并确保此妆容适合于消费者的面部情况。消费者的嘴唇、眼睛和妆容都可以通过增强现实技术进行实时转换。十种妆容可以在一分钟之内一一展示。这种比较使得消费者更容易选出最适合自己的妆容。

在使用"魔镜"时,消费者可以转身、眨眼并近距离观察所有细节,他们选择的妆容能够符合现实地跟随每一个动作。只需按一下按钮,就可以虚拟定制整个产品系列。所有的妆容都可以保存,用以比较或是直接在社交网络上共享。对于那些不信任自己主观品位的消费者来说"魔镜"也能提供帮助:其内嵌的人工智能应用程序可以根据算法向每位消费者推荐妆容。

这个增强现实技术是借助与化妆师密切的合作而开发的。与化妆师合作是了解产品使用方式和如何在镜中完美呈现的最好办法,而这也绝非易事。CT花费了数月的时间才实现对颜色、形状、肤色和面部现实识别的数字匹配。

CT的"魔镜"有很多优势,它们有助于加快消费者的决策过程,可以代替测试人员提供销售支持,同时相对于传统试用,使用"魔镜"也是更卫生的替代方案。除了在商业上的成功,"魔镜"还促进了情感上的成功:它以一种有趣的方式在消费者和品牌方之间建立了联系。

虚拟现实技术

像宇航员尼尔·阿姆斯特朗在阿波罗11号中所做的那样，乘坐火箭飞向月球，体验失重并在月球表面跳来跳去是许多人的一个梦想，至少对于许多年轻人来说是这样。成年人的梦想可能会更简单一些，例如在近3600米的高空滑翔，飞过冰川和冰雪覆盖的山脉。不论个人愿望清单上有什么内容，总有一些内容可能是无法实现的。然而，虚拟现实技术可以让几乎所有的梦想成真。借助虚拟现实技术，人们至少可以虚拟地到达任何地点并且成为任何事物的一部分。

虚拟现实是一种用户可以在其中移动的人工搭建现实。与增强现实相反，虚拟现实不包含真实环境。相反地，虚拟现实技术可以在任何环境中虚拟地创建现实世界。这与视频游戏使用的技术相同，将物品作为3D模型插入在任何地点，只要遵照适当的程序，用户就可以以一种交互方式使用这些物品。也可以使用360度摄像机记录现实影像数据，但是，在这种情况下，用户可以进行的互动非常有限。与增强现实技术相比，虚拟现实技术无法在智能手机上轻松实现。这是因为除了虚拟现实技术眼镜之外，如果要与人工环境交互的话，还需要使用输入设备。

虚拟现实技术为实体零售业务提供了很多机会。该技术可以为消费者创造额外的店内体验。例如，借助虚拟现实技术消费者可以坐在纽约时装秀的前排。在这里，模特正在自然地展示公司的产品。虚拟现实技术就是体验式营销的一场革命，通过提供娱乐性甚至独特性的体验来建立消费者与品牌之间的联系。

有关产品使用的教学视频也可以借助虚拟现实以一种令人兴奋的方式实施。因此，借助虚拟现实，品牌方可以更好地指导消费者，或是更有效地培训员工。

有些产品无法在实体商店或者甚至无法在真实环境中进行试用。从这个角度来看，虚拟现实技术也可以有很多种应用方式。例如，虚拟现实技术可以提供家具在整个房间中的外观形象，或是实现在自定义汽车模型中的一次试驾。如果消费者能在看似真实的环境中看到产品，那么将其想象成生活中的一部分就会更加容易。这样，消费者可以对预选产品进行虚拟测试，以促进决策过程。将激动人心的体验与所售产品紧密地联系在一起，可以有效地在情感层面上吸引消费者。

退货是零售业中不可避免的一部分。如今，在实体业务中，退货约占总业务的10%。在线上交易中退货则是实体业务的两倍到三倍。这就是虚拟现实技术可以发挥作用的地方。如果消费者在虚拟现实体验中可以试用产品，那么退货的数量将明显降低。

虚拟现实技术的另一个优点在于，利用虚拟现实技术可以虚拟扩大销售面积并减少实际库存。以家具行业为例，丰富的可选产品也就意味着宽阔的展示区域，然而使用虚拟现实技术就可以无限制地调整面积，又无须为空间支付高昂的租金。同时，也无须在现场预备所有的产品。潜在消费者可以借助虚拟现实技术从一整个家具产品系列中得到灵感，无须再用真实的产品作为样品展出，这使得生产、样品展示、物流、存储和租赁成本都得到了巨大的节省。

虚拟现实应用程序还可以通过跟踪身体反应（例如，消费者如何与虚拟环境中的产品进行交互）来提供有关消费者行为的信息。这些先进的信息为零售商提供了绝佳的机会。

就像增强现实技术系统一样，只需按一下按钮，就可以更换新的系列或是季节产品。实体商店中所有物品都可以预先进行调整，并在一天内轻松完成更换。

因此，虚拟现实技术体验对于客户留存几乎是完美的，客户与品牌方的有趣互动将转变为一种体验。但是，虚拟现实技术应用需要对目标群体进行仔细、有针对性的考虑，要满足消费者的需求和愿望。毕竟，产品的关注点应该是目标群体，而不是技术本身。

采取行动

▶ 从消费者角度明确销售中虚拟现实的潜在附加价值。

▶ 确保消费者能轻松理解技术价值并且确保该技术易于使用。

▶ 记住一点：使用虚拟现实的过程应该是有趣的。

（从不停止探索。）

零售未死

北面
城市中的沙漠探险

北面的使命是唤起人们对自然的兴趣，并使人们参与到众多的探险活动中去。但是，要如何激励城市购物中心里的消费者呢？北面已经问过自己这个问题。它的回应是邀请消费者利用虚拟探险前往两个美国著名景点。第一个景点是位于美国加利福尼亚州内华达山脉的美丽的约塞米蒂国家公园，第二个景点是位于犹他州的莫阿布沙漠，那里展现了红色砂岩结构。为了让尽可能多的消费者参与这次探险，北面创造了令人叹为观止的虚拟现实技术体验。

通过虚拟现实技术体验，消费者可以在实体商店中测试设备，并与北面的两位运动员锡达·赖特（Cedar Wright）和萨姆·伊莱亚斯（Sam Elias）一同游览。消费者会觉得自己就在现场，看着两位运动员准备绳索、攀爬并制订第二天的计划。如果消费者戴上虚拟现实技术头盔，那么他就可以置身其中，完全自由地看向任何方向，体验冒险旅程的每时每刻，就仿佛消费者确实在场一样。

北面的虚拟现实技术体验之所以如此真实，是因为使用了高质量的、经过编程的内容材料。一群运动员和电影制作人与北面一起在景点现场制作了这些内容，借助360度摄像机、立体3D摄像机和高级3D麦克风记录了一切。

通过虚拟现实技术，北面可以将它的故事讲述得非常真实，使消费者沉浸在这个世界中并以此方式试用设备。这种体验创造了品牌与主题之间的紧密联系，而消费者更喜欢购买与自己有情感纽带的公司的产品。

> ▶ 北面（The North Face）于1966年在美国旧金山成立，最初是一家攀岩设备的零售店。自2000年以来，北面公司隶属于威富公司，并将总部设在加利福尼亚州的阿拉米达。这家主要销售高性能服装、鞋子、设备和配饰的户外品牌拥有近1000名员工，产品销往全球近3500个地点。其目标人群是18~34岁的男女，重点是男性。

> 关注点应是目标群体，而不是技术本身。

劳氏
屡获殊荣的"全息房间（Holoroom）"

研究表明，许多DIY[1]项目之所以无法开始，是因为消费者没有信心能够独立完成他们的项目。因此，劳氏（Lowe's）公司旗下的创新实验室开发了多个原型，用虚拟现实技术为消费者提供有关家庭装修项目和工具的"亲身实践"体验。这些原型都是全面的、多感官的虚拟现实体验，结合了视觉、触觉和听觉元素，从而创建了身临其境的虚拟体验。

在"全息房间：指导"（Holoroom How to）中，劳氏的消费者可以学习基本的DIY技能，他们可以在一个有趣的交互式虚拟现实环境中学习有关所需材料和完成步骤的所有内容。例如，其中一个项目就是教授如何铺设淋浴间。这种新型的培训为消费者提供了独立施工的知识和信心。

创新实验室还创造了一种概念，以创新的方式满足了消费者"先试后买"的需求。在"全息房间：驾驶试用"（Holoroom Test Drive）中，消费者可以在虚拟车库和后院的环境中试用电动工具，例如篱笆修剪机。为了使体验尽可能逼真，劳氏提供了具有真实重量的定制的控制系统，消费者可以通过该控制系统来体验使用工具的感觉。消费者不仅可以试用新产品，而且能够获得专业人士的指导，以促进其购买决策进程。

这一概念已经在多家劳氏实体商店成功实施，并在2018年的增强现实世界博览会（Augmented World Expo）中获得了最佳商业解决方案的最佳硬件奖。

> ▶ 劳氏公司是《财富》500强企业，在美国和加拿大每周总共会有近1800万的到店人次。劳氏及其相关业务部门经营着近2200家家庭装修和五金店并拥有近30万名员工。

1　DIY是Do It Yourself的英文缩写，意思是自己动手制作。——编者注

▶ 宜家（IKEA）是全球最大的家具经销商，于1943年由当时年仅17岁的英格瓦·坎普拉德在瑞典创立。如今，该公司拥有近21.1万名员工。宜家设计并销售成品家具、厨房用具和家居产品，目前在50多个国家和地区拥有400多家实体商店。

宜家
虚拟移动家具

选购家具时，消费者可以测量家具尺寸以确定它是否适合放在房间内，但并不是每个人都能想象到家具最终在房间中的样子。为此，数字代理商Demodern开发了虚拟现实体验程序"宜家沉浸（IKEA Immerse）"，此外它有很多的功能：在这个虚拟现实技术应用程序中，消费者不仅可以虚拟布置房间，还可以与家具进行交互，在房间中移动家具并按需放置。目前，德国的部分实体商店提供了这项体验服务。

消费者可以独立地从数百种家具中选择并布置一间虚拟客厅或是厨房。在佩戴头盔后，名为乔纳斯（Jonas）和斯米拉（Smilla）的品牌引导员会通过画外音来指导消费者使用该应用程序。直观的用户界面和交互设计使得任何年龄的消费者都能够使用该应用程序。

该虚拟现实体验的目的是创建一个让人感觉栩栩如生的环境。木材、金属和玻璃的质感看起来非常真实，并且材料的质感和亮度会根据光线的透射程度和一天时间的变化而变化。如果仔细聆听，还能听到产品的声音和一些居住噪声，因为场景都是在真实环境和宜家实体商店中录制的。这些声音是家中或是室外的声音，例如孩子们玩耍的声音或是车辆行驶路过的声音。当走进虚拟厨房时，画外音的引导员会告诉消费者他最喜欢的菜肴。

该虚拟现实体验还支持不同消费者之间的交互，同时也考虑了社交媒体：消费者可以直接在社交网络上分享房间的全景图像。此外，消费者可以直接将布置好的房间中的所有产品添加到购物清单中。

消费者非常喜爱"宜家沉浸"程序，因此，宜家将其定为宜家的店内虚拟现实技术体验程序。毕竟，这种虚拟房间会吸引消费者尝试布置房间、分享图像并再次到店。

（奥迪设计）

奥迪（Audi）
寻找"梦中情车"的3D模拟器

购买新车是一项巨大的投资，斥巨资购买汽车的消费者都希望能够确认关于汽车的尽可能多的细节。

以前，消费者通过汽车销售宣传册来订购汽车，然后希望现实中的一切都与他们脑海中想象的内容一致。奥迪解决了购车过程中的这一缺陷并将其转变为令人兴奋的购物体验。

目前，全球超过400家奥迪经销商都配备了"客户私人体验室"，其包含一个舒适的起居室、一个可选的虚拟现实技术头盔和一个75英寸的屏幕。在这个屏幕上，销售顾问会向消费者展示奥迪的所有产品系列，包括颜色、特色功能和配置选项。接下来就轮到消费者了，消费者可以根据自己的喜好和个人需求配置汽车。

当一切配置完成后，就可以在3D的360度实际尺寸模式下虚拟体验个人创建的汽车。消费者可以在驾驶过程中看到车辆的颜色和配置并与车辆互动。例如，消费者可以在不同设定时间的不同光照条件下开关车门或是开关车前灯，还能听到关联的声音效果。

这种虚拟现实技术体验将汽车的细节配置做到极致，此外消费者能够从各个角度近距离观察汽车内部。通过使用高保真的4K渲染[1]，程序可以创建逼真的外观。所有虚拟现实技术的可视化都是基于车辆的开发和制造过程而创建的。其基础部分涉及车辆模型的可视化，其中包含每块钢板、每个螺钉和每个可能的紧固件。

"客户私人体验室"已经成为奥迪宝贵的销售工具。当消费者决定购买时，它能为消费者提供足够详细的信息和最大的保障。

> ▶ 德国奥迪汽车股份公司（Audi AG.）是隶属于大众汽车公司的德国高档汽车制造商。公司成立于1899年，总部位于德国的英戈尔施塔特。该公司在全球拥有超过9万名员工，其中6万名员工在德国的英戈尔施塔特和内卡苏姆工作。奥迪作为汽车制造商活跃于全世界100多个市场中，并且这一数量一直在增长。

---

1 4K指分辨率，标准为4096×2160。4K渲染指画面质量很高。——编者注

人工智能技术

世界各地的人们都在探讨零售业中无数的人工智能应用,但首先要弄明白的是它到底是什么。人工智能是计算机科学的一个分支,它通过解决问题、接收和发出指令以及为人类自动执行任务来模拟人类智能。它是基于一种能够从经验中进行学习的算法,听起来确实很聪明。应用人工智能的好处是与人类相比,它执行任务的效率、准确性与成本效益都略胜一筹——这听起来也颇具威胁性。目前,使用人工智能技术的应用包括语音识别、自动驾驶汽车。

人工智能正在越来越多地进入商业领域,但并非像人们想象的那样。即使在未来,人们可能也并不会被四处行驶的机器人所包围。消费者并不会直观地看到人工智能技术,但人工智能会通过如销售和客户关系管理、个性化消费推荐等应用程序对业务运营和消费体验产生重大影响。人工智能的使用将越来越多地影响各个商业领域,例如制造业、物流业、支付业及其服务等。

人工智能这种领先技术可以用于优化仓储以改善客户体验,例如利用人工智能帮助客户找到其所需产品、需要重新进货时通知员工,或是计算产品数量、存储空间、预期需求和销售利润之间的最佳平衡点。人工智能技术同样可以用于制定价格,人们已经习惯了加油站的汽油、航班和酒店价格的不断波动——如今,这些波动的背后都有人工智能的参与。因此,例如亚马逊等商家就可以每天根据相关趋势、季节、库存、需求甚至竞争对手的价格等数据信息,利用人工智能无数次地调整产品价格。

应用于客户服务中的人工智能够实时回答消费者的问题或咨询,从而显著提升服务质量。这种客户服务的答复内容也可以根据位置、季节或者品牌自有的其他条件进行自定义编写,例如,为消费者推荐对应实体商店可购买的产品,或者反之,避免为消费者推荐已经缺货或者在该实体商店不可购买的产品。某些人工智能技术可以识别人脸,以识别和回应不满意的消费者。这样,当系统识别出心情烦躁的消费者时,商家能够立即派遣销售人员提供帮助。此外,利用人工智能技术也可以缩短消费者等待时间并且可以通过减少员工数量降低业务运营成本。

如果消费者的期望可以被提前识别,那么消费者就有可能获得最佳的购物体验。虽然在消费者用言语表达之前商家无法彻底理解消费者的想法,但是利用人工智能技术也几近实现了这个目标:面部识别可以提供消费者的年龄、性别和种族等统计信息。这使得人工智能系统能够提供个性化的产品推荐。还有一些店内系统可以连接到智能手机应用程序,并通知实体商店团队是否有消费者进入实体商店,以及进店者以前的购买行为。正如人们对此可能会感觉到的"透明",这种"透明"意味着任何销售对话此时都具有了巨大的信息优势。如果消费者进店时销售人员可以立即叫出他的名字并推荐合适的产品,那么这将是一次近乎完美的消费体验。

人工智能技术在制订与地理位置相关的促销日历计划中也可以发挥重要的作用。借助之前促销时期的产品、到店频率、偏好、销量等数据,人工智能技术可以根据不同实体商店的不同购买行为制定促销日历。

人工智能技术在零售中的应用层出不穷，但实体零售仍未充分利用其潜力。最大的难点在于实体商店中的数据收集。在线零售商的优势是拥有大量有关消费者行为的数据信息，从浏览产品范围到产品偏好、价格、地区差异等。但在实体商店中或许会有一些关于交易和消费者银行卡的数据，但这并不足以进行机器学习。为了全面利用人工智能技术，通常需要非常昂贵的复杂系统。但是这种用于优化内部流程、为消费者提供独特服务与独特品牌体验的投资是值得的。

采取行动

> ▶ 确认业务流程和消费者购买流程中的弱点。
>
> ▶ 作为品牌方，消除这些弱点你需要哪些信息？
>
> ▶ 咨询专家的建议：使用哪些系统可以生成并提供这些消除弱点的信息？

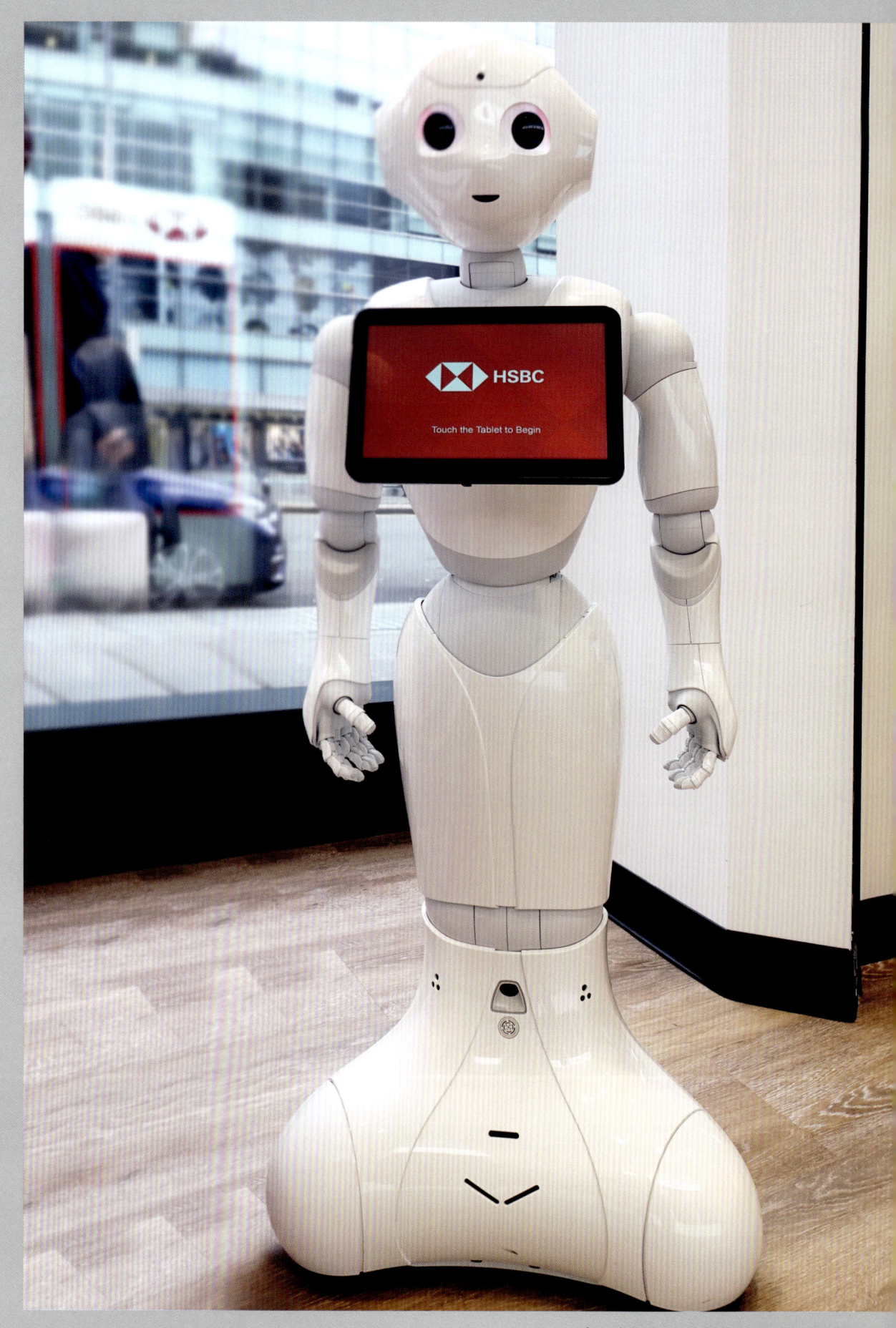

（汇丰银行，从触摸平板电脑开始）

汇丰银行
遇见"佩珀"

汇丰银行希望能够成为零售银行业务领域的"未来银行",其已经采取了适当的策略来实现这一目标。对于消费者来说,汇丰银行最大的变化就是其各个支行引入了可爱的社交类人型机器人"佩珀(Pepper)"。这个小家伙不仅作用很大,而且它的大眼睛看起来确实十分可爱。

"佩珀"是类人机器人,其胸前装有平板电脑,可以通过轮子自主移动。"佩珀"有手臂和手,因此可以完成握手动作,毕竟它是为人类设计的机器人。"佩珀"具有丰富的知识,并且可以通过其集成的交互式屏幕为客户提供自助银行业务的基本产品信息和选项。

当客户进入汇丰银行后,"佩珀"会以友好的方式迎接他们,并通过几个问题来确定他们的需求。在对话过程中,"佩珀"会收集相关的客户偏好、特征和习惯数据,以便给出相应的个性化的回答。由

▶ 香港上海汇丰银行有限公司(HSBC)是一家跨国银行及金融机构,于1865年在中国香港成立。其在全球的四大业务领域包括个人金融服务和财富管理、企业银行、投资银行及资本市场以及全球私人银行业务。汇丰银行是全球最大的银行和金融机构之一,在欧洲、亚洲、中东和非洲、北美和拉丁美洲的65个国家和地区均设有分支机构,拥有近24万名员工。

于"佩珀"与普通员工十分相似,因此当收到指示时,"佩珀"可以将信息转达给银行员工,使团队人员可以在与客户交谈时关注要点。"佩珀"将数字世界与真实世界整合成一体,并为银行员工提供支持。"佩珀"无意取代普通员工,它只是通过完成常规任务使得流程更加高效。这样可以节省时间,有利于每一位相关人员。同时,"佩珀"并无权访问客户的数据或是其个人银行信息。

"佩珀"可以通过对话、眼神和肢体语言与客户交流并且互动过程非常有趣。"佩珀"令人印象深刻,并且它永远友好、态度积极并且服务专业。有了它,前往银行将成为难忘的体验。自问世以来,"佩珀"一直都是社交网络中的机器人明星。在一次活动中,汇丰银行鼓励客户与"佩珀"合影并用#遇见佩珀#(#MeetPepper)和#与佩珀合影#(#PoseWithPepper)的标签分享照片。

汇丰银行是美国第一家将机器人技术引入个人银行业务的金融机构,从那以后,汇丰银行的自动柜员机交易量和信用卡申请量都有所增加。仅在其纽约分行,业务就同比增长了60%。

▶ 亚马逊（Amazon）是美国最大的电子商务公司，其总部位于美国华盛顿州。它成立于1994年，2020年拥有近100万名员工。2015年，亚马逊公司的第一家实体书店在美国华盛顿州西雅图市开业。如今，亚马逊共有近20家实体书店，平均面积在370平方米至930平方米，产品包括书籍、平板电脑和智能家居设备。

亚马逊实体书店（Amazon Books）
需求算法

消费者在做出购买决定时会依赖忠告及建议——来自朋友、家人或是产品评论。这些希望获得购买建议的消费者正在逐渐受到人工智能的引导。基于数据的信息使得零售商可以更加专注于用户定制，从而为向消费者推荐最佳、最合适的产品开发解决方案。谁会知道某一特定主题下哪本书获得了最高评价？亚马逊网站知道，亚马逊实体书店也知道。

亚马逊作为互联网巨头可以获得大量的数据，这是亚马逊实体书店根本理念的基础。亚马逊实体书店利用复杂的系统获取最畅销和最受欢迎的书籍的信息，基于这些数据，亚马逊实体书店精准地为消费者提供他们当下所需要的产品。

借助客户数据，甚至连库存的挑选和分类方式都是有人情味的。实体书店中的所有产品都有四星或更高分数的评级，或者是畅销书，或者是亚马逊网站上的新品和潮流单品。书籍就像在普通书店一样被分类摆放在书架上：小说、童书、青少年读物、烹饪书、传记等。也有一些"亚马逊特定"区域，在这些区域中书籍是根据线上收集的亚马逊数据布置的，例如"喜欢某种书的人会喜欢的书"或是"亚马逊网站上消费者最期望购买的书"。

当然，这些实体书店拥有的图书量相对较少，也没有所需的特定库存量，但每本书都包装精良且富有创意。每本书都附有一张带有亚马逊星级和消费者评论摘录的卡片。利用书店中每种书籍旁边的数字价格标签，消费者不仅可以查看产品价格和亚马逊会员（Prime）价格，还可以查看会员节省的费用、产品平均星级和收到的评论数量。此外，实体书店中各处都设有价格扫描仪。在实体书店中，亚马逊的会员可以以线上优惠价格购买书籍，而非会员的消费者则以书籍定价购买，有时候这个价格会高于在线价格。

作为亚马逊网站的延伸产物，亚马逊实体书店是一个必然结果。多亏了人工智能，亚马逊实体书店的消费者才能准确地找到目前多数人想要购买或是肯定能满足自身需求的产品。毕竟，亚马逊的人工智能能够比消费者自己更快地认识到他们的需求。

科技零售 **65**

射频识别技术

已经过时的收音机技术和可以加快零售速度的新智能技术有什么关系呢？实际上，无线电波通过射频识别技术对零售行业有着极大的影响。借助射频识别技术，无线电波可以从小型芯片中收集数据，这种小型芯片被称为"标签"。在实际应用中，这意味着使用一个读取设备来解释和发送无线电信号，如果"标签"在附近，它可以接收信号并将信息发送回读取设备，该设备会识别"标签"并接收"标签"上包含的数据。读取设备可以是手持扫描仪、门式扫描仪甚至是手机。"标签"就是那些可以嵌入智能卡、钥匙圈和贴纸等物品中的小芯片。

当应用于实体零售时，射频识别技术可以帮助零售商快速对库存情况有一个准确的了解。盘点过程中，统计产品数量或手工扫描每件产品非常耗时，需要极高的人力成本。射频识别可以读取距离约6米远的"标签"，并且其速度可以达到每秒钟数百个。持续应用中的射频识别扫描仪可以实时监控库存状态。在射频识别技术的帮助下，零售商持续为消费者提供足够数量的产品变得容易很多。

利用射频识别技术，零售商可以准确地追踪产品是否移动以及向何处移动。当超市将射频识别"标签"嵌入购物车中后，就可以随时追踪购物车何时离开超市甚至整栋购物中心，以及这些购物车何时被送回。这样，超市可以获得停车场中是否有足够的购物车以供消费者使用的信息。这种功能也可以用于防盗保护，通过比对付款信息和产品ID（身份标识号），一旦未付款的产品通过购物中心出口的读取器，就会触发盗窃警报。

此外，射频识别技术可以为自动付款提供支持。消费者可以使用手机上的应用程序扫描产品，并使用谷歌支付（Google Pay）或苹果支付（Apple Pay）等付款系统自动付款。或者是当消费者通过付款通道时，其所有的产品都能被扫描并自动付款。这提升了消费者的购物体验，并且节省了许多时间。

射频识别技术也为营销提供了新的可能性。店内销售终端（POS）机上的广告材料中的"标签"可以包含对消费者有用的数据，消费者可以用手机中特定的应用程序检索信息，例如产品的详细规格信息、库存量以及可以在店内直接兑换的折扣券。

当消费者使用信用卡、借记卡或是折扣卡付款时，这些付款信息可以与射频识别连接进行数据收集。这样，实体商店可以准确地追踪消费者的动向，从而更容易理解消费者的行为以进行适当的改进。例如，零售商可以使用这些数据来优化商店布局，调整消费路径或将某个产品放置在更合适的位置上。

如今，应用射频识别技术的费用相对较低。但是，这需要经销商和制造商通力合作，保证产品带有射频识别"标签"或是后期添加射频识别"标签"。在这种情况下，射频识别技术将为零售商提供许多新的可能性，并为消费者提供更好的消费体验。

采取行动

- ▶ 思考零售全过程中是否有可以通过射频识别纠正的痛点。

- ▶ 确保零售商和制造商的所有产品都有射频识别"标签",或者找到合适的替代方案将"标签"附加到产品上。

- ▶ 事先确定要使用射频识别技术的哪些通用功能,并且确认如何将其应用到日常销售流程中。

零售未死

佩佩牛仔裤
无线电通信的裤子

并非每个人都喜爱购物。尤其是当找寻新衣服时是这样的场景：在试衣间里，消费者发现他选择的裤子尺寸不合适或者水洗效果并不好看，那么他需要重新穿好衣服离开试衣间以寻找新的尺码或是水洗颜色。回到试衣间后，这个变化不大的过程又要重新来一次，这实在是太无趣了。这就是为什么消费者通常只进一次试衣间并且只会试穿一次的原因，不合适的产品都会留在试衣间中。

在英国伦敦的佩佩牛仔裤旗舰店中情况有所不同。试衣间配有射频识别技术和交互式的屏幕。如果消费者在试衣间中将他刚刚试穿过的产品挂起来，那么射频识别阅读器会识别产品上"标签"的无线电信号及其所存储的信息，包括产品对应的产品名称、尺寸、颜色和样式会立即显示在对面墙上的屏幕上。

举例来说，如果尺寸或是颜色不理想，消费者则可以使用交互式屏幕从实体商店中找到替代品重新选择。系统会通知销售人员，他们会即刻将选择的产品拿到试衣间。这样一来，消费者可以立即试穿新产品，无须进行烦琐的穿、脱衣过程，也不必离开试衣间。这确实是一项创新的服务，可以带来积极的消费体验。裤子与无线电波构成了一个"美梦"。

> ▶ 牛仔品牌佩佩牛仔裤（Pepe Jeans）于1973年在英国伦敦波托贝洛路成立，目前总部位于西班牙马德里。该公司拥有500多家实体商店及近2300名员工，遍布全球54个国家和地区。除了牛仔服饰和街头服饰外，其产品还包括配饰和鞋子。该品牌主要针对18~40岁的成年男女以及4~16岁的儿童和少年。

零售未死

梅西百货
"永不缺货"

▶ 美国梅西百货公司是由罗兰·哈斯·梅西于1858年在美国纽约创立的。自2015年以来，梅西百货就是美国零售额最大的百货连锁店。其纽约旗舰店销售面积近11.6万平方米，是世界上销售面积最大的百货公司之一。梅西百货在美国有近680家分店，旗下还包括布鲁明戴尔百货店近36家，Bluemercury美妆连锁店近170家，总共雇用了近13万名员工。梅西百货的产品范围包括时装、配饰、珠宝、化妆品、香水、厨房用具和家具。梅西百货为所有消费者提供产品，但其主要目标客群是16～34岁的中等收入水平的女性。

某件产品被遗忘在仓库中的情况并不少见，这意味着零售商错过了以正常价格出售该产品的机会。好像这还不够令人愤怒，线上方面也正在带来新的挑战——产品会在线上以"线上购买，线下取货"的方式推广销售。在这种情况下，零售商不仅会损失收入，还会引起消费者的不满。梅西百货通过为所有实体商店的所有产品配备射频识别"标签"解决了这一问题。在这种情况下，零售商始终可以确切地了解每个产品的位置。

早在几年前，梅西百货就开始根据自身目标使用并优化射频识别技术。如今，从仓库到实体商店，整个零售供应链中的产品跟踪都是自动化的。"标签"取代了员工手动扫描产品的烦琐过程。射频识别不再是梅西百货的临时项目，它已经广泛地应用到了所有业务流程中。这也体现在结果中，因为库存的准确性大大提高，意味着缺货产品大量减少。这样的结果使流程得以改善，销售量得以上升，利润得以增加，消费者满意度得以提高。

> 线上购物永不
> '缺货'。

露露乐蒙
瑜伽遇上科技

就在几年前,露露乐蒙曾经时不时就要经历仓库中货物过剩但销售实体商店中货物短缺的情况。如果实体商店中没有消费者所需的产品或是合适的尺码,将给消费者体验带来严重的影响。射频识别技术的引入基本解决了这个问题,该系统惊人地使得实体商店和仓库的库存准确性达到98%。

露露乐蒙引入射频识别系统是在很短的时间内完成的。首先,在15个国家和地区的30多家工厂进行了射频识别"标签"的印刷和编码。接着,没有"标签"的产品会在配送中心重新加工。这样,所有到达实体商店的产品都一定会带有"标签"。在短短6个月的时间内,美国300多家实体商店都上架了新的产品。

如今,实体商店收到货物后会立即进行第一次射频识别"标签"读取,将货物从各自的仓库移至销售区域后,其状态会立即更新。此外,实体商店团队每周会对库存进行盘点,在射频识别技术的帮助下,盘点仅需要半小时即可完成。

过去,从仓库取货需要两名员工,他们通过对讲机互相沟通,以确保消费者能在实体商店中找到所有产品。这种方式的确有些"老派"。如今,借助射频识别技术,仓库员工能够随时获取缺货产品的准确信息并且在一天内完成相应的任务。在与消费者的日常互动中每位员工都配备了一个装有应用程序的手持设备以便随时检查库存。这种方式可以优化库存流程并减少工作时间。现在,所有员工都可以实时查看库存并准确了解每种产品的各种尺码的可购地点。此外,该应用程序中的射频识别数据库还能为线上消费者按其选购产品的数量、尺码和颜色显示附近可购买的实体商店。这是使"线上购买,线下取货"成为可能的唯一方法。

通过引入射频识别系统,露露乐蒙不仅成功优化了流程、改善了消费体验而且还提升了全渠道的收入。瑜伽人做得好!

▶ 露露乐蒙公司成立于1998年,是来自加拿大的运动服装零售商。该公司的总部位于温哥华,在北美、亚洲、欧洲和大洋洲拥有400多家实体商店。超过2万名员工在这家灵感源自瑜伽的公司工作。露露乐蒙主要销售男女运动衬衫、短裤、长裤子,休闲服装和瑜伽专用配饰。

来自线上零售的启发

电子商务从根本上改变了人们的购物习惯，这件事已经不再是什么秘密了。消费者期望能够直接了解可用库存、快速搜寻产品、获取其他消费者的评论等。这些高标准给实体零售带来了很大压力。消费者行为的转变使得各公司也必须做出改变，以跟上不断上升的竞争压力。新的挑战正在一次又一次地出现，毕竟，在这个全球化、数字化的世界中，必要的发展和市场创新之间不再存在任何的休息阶段。因此，变化也是零售中唯一的不变。

线上和线下购物都各有其特殊的优势。在线下实体商店中，消费者可以触摸产品、试用产品并立即将其带回家中。线上店铺可以在几秒内为消费者找到产品、检查库存、提供个性化报价等。但是谁说这些在实体零售中就不可能实现呢？本章将说明如何将电子商务的优势转移到实体商店，这个潜力还远远没有消耗殆尽。

本章首先将关注每家实体商店都能够也应当利用的社交媒体。一方面可以利用脸书（Facebook）、照片墙（Instagram）和品志趣（Pinterest）上的商店主页；另一方面也可以设计、装修实体商店，让消费者愿意拿起智能手机拍照，使其成为社交媒体的流行话题。既然提到了智能手机，那么不要忽略公司的应用程序。借助正确的功能设计，应用程序可以为实体商店的消费者带来不可思议的体验，包括可用库存、产品信息和个性化报价等详细信息，以及公司还应该设置能够将消费者直接引导至其所需产品面前的移动式店内导航设备。

线上店铺中便捷的产品付款方式也可以转化到实体商店中，而且此种操作也有许多种实现的方式。消费者都希望缩短流程，因此时间是决定性因素。这也同样适用于产品服务——不论是消费者取货还是公司送货上门。退货也是一个令人讨厌的事情，不论是线上还是线下零售。线上的消费者必须重新包装产品并将其寄回，而线下实体商店的消费者必须花费时间和精力重返实体商店，同时还要留出在退换柜台等待的时间，但其实这件事也有解决方案。

电子商务向实体零售展示了其运作方式，现在，线下零售应当利用新的机会依托自身优势，优化线上策略，使其能与自身优势相结合。对于消费者而言，这意味着可以在线下零售中获得两全其美的体验。

社交网络

千禧一代不可能在不分享照片的情况下用餐，这种说法已经有些老生常谈。他们忠于一句格言："无发布，无经历。"（没有在社交网络平台上发布的事就等于没有经历过）尽管这种说法有些夸大，但确实有一定真实性。仅脸书一家在全球就有超过20亿用户，其中2/3的用户每天都在使用该平台。因此，这家社交网络平台与其他网络平台共同成了各行各业公司品牌战略的关键组成部分。因此，没有在社交网络平台上存在的产品就等于没有出现在用户的生活中，这种说法也是夸张但正确的。

社交网络平台营销在纯实体零售商的成功中也起着至关重要的作用。大多数消费者会在逛实体商店之前就在网上做好调查，也就是说，社交网络平台对购买决策具有重要影响。想要在社交网络平台上有恰当的表现有两个重要的策略，第一个策略是要积极地展示自己公司的品牌形象，第二个策略是引导消费者分享在实体商店内的照片，尤其是自拍照。

许多小型公司很难有足够的时间在网上进行自我营销，因此，有意识地选择在哪个社交网络平台上投入时间和金钱就显得格外重要。这是公司真正接触其目标客群的唯一途径。

尽管"谷歌我的商家（Google My Business，简称GMB）"不是传统的社交网络平台，但它可能是公司进行自我画像的非常重要的平台。对公司感兴趣的人可以在搜索页、地图和谷歌上轻松找到有关公司业务的信息。公司可以上传实体商店照片以展现实体商店的最佳状态，这一切都是免费且易于管理的。

脸书是一个包罗万象的社交网络平台，对于任何行业的任何业务，它都是一个很好的起点。它为实体零售营销提供了很多广告机会。公司可以分享图片、视频和重要的更新信息并且鼓励消费者在公司的网页上留下评论。

对于时尚、美妆和食品等视觉行业，照片墙是绝佳的选择。它是用于分享图片的应用程序，尤其在千禧一代中非常流行。它会为提高品牌知名度提供许多机会。

推特（Twitter）是B2C[1]和B2B[2]公司都在使用的平台。它适合发布新闻、趋势和回答消费者的问题。当产品或服务有问题时，消费者喜欢使用推特发文，直接点名（符号为@）公司。这可能会成为一个问题也可能会成为一个机会，如果公司能快速反应并立即解决问题的话，每位推特用户都能看得到。

品志趣就像一块充满创意点子的告示板，人们通常喜欢在自己的电子告示板上分享有视觉吸引力的图片和产品。这种网络平台特别适合时尚、美妆和生活行业。但是，维护品志趣账户相对来说更为复杂。

当确定了适合公司品牌业务的社交网络平台后，维护平台账户就很重要了。即使是小型公司也建议配备专门负责此

1　B2C是指电子商务的一种模式，也是直接面向消费者销售产品和服务的商业模式。——编者注
2　B2B是指企业与企业之间通过专用网络或互联网进行交换、传递、开展交易活动的商业模式。——编者注

项任务的人员。对于照片墙和品志趣之类的社交网络平台，运营人员可以在一天内多次发布产品和广告主题内容，因为它们都是视觉导向平台。而脸书和推特更适合发布新产品、特惠促销、活动和有针对性的广告。

现在来看看第二种策略，做好实体商店的"社交网络平台的前期准备"。品牌方在社交网络平台上存在的基本前提是美观的实体商店设计能够吸引消费者拍照并发布照片。创设一个自拍点，使每位实体商店到访者无须提醒都觉得有必要进行拍照。这个焦点区域应该易于到达，以便到访者可以顺利地从各个角度完成自拍。店内屏幕和标牌上应该设有品牌主题标签（hashtag），这样的话，社交网络平台上的图片就可以与实体商店产生实际的关联。

实体商店内的照明不应该太强或是太暗。如果智能手机的相机需要利用闪光灯拍照则说明照明可能不足。经验是亮度高的照片比亮度低的照片更受人喜欢。因此，给消费者他们想要的，品牌方将得到品牌方想要的。

采取行动

▶ 思考哪种社交平台最适合用于吸引目标客群并有针对性地分配精力和预算。要切合实际，不要一次性布局所有平台。

▶ 团队中配备一名负责社交平台运营的员工。

▶ 最好在实体商店中设立一个令人惊叹的自拍点，而不是许多小的自拍点。

▶ 将社交平台整合到店内广告中。

78 零售未死

LINE FRIENDS
与巨型毛绒玩具拍照

LINE FRIENDS的实体商店和快闪店都位于游客或是消费者到达频率很高的位置，这不仅有利于实体商店销售产品，围绕可爱的角色产品，这些位置也适用于促进品牌发展、提升品牌体验和品牌知名度。

整个实体商店中有无数的自拍点。在每个分店的入口区域都会摆放一个近3米高的巨大的棕色毛绒玩具。每天都有消费者为了和毛绒玩具拍照而在店内排队。实体商店里到处都是与人类大小相仿的角色玩偶并且整个销售区域都为拍照进行了布置，同时也会布置主题标签。上面写有"可以拍照"的标语打消了所有担忧：消费者可以也应当在这里拍照。

除了这些拍照点，实体商店里自然也会有系列产品。这个巨大的产品线涵盖了所有流行的LINE FRIENDS角色的周边产品。实体商店有时还会提供仅在实体商店中销售的独家产品，这些产品无法在线上商店购买。

LINE FRIENDS的算盘打得十分精明：为了用智能手机拍照，所有的消费者都一定会在店内停留。这种策略表明了品牌方如何借由精心设计的自拍点使用社交网络平台。

> ▶ LINE FRIENDS是一个国际卡通形象品牌公司，最初是从布朗熊与朋友（BROWN & FRIENDS）系列开始，作为LINE的贴纸而创立的。LINE是一个移动通信应用程序，在全球拥有近1.64亿个活跃用户。LINE FRIENDS现在应用于各种产品、动画、游戏、咖啡馆、酒店和主题公园中。在美国纽约、洛杉矶、英国伦敦、日本东京、韩国首尔和中国上海等14个城市中拥有160多个实体商店和快闪店。LINE FRIENDS有丰富的产品类别，如玩具、文具、服装、配饰、儿童服装、旅行用品、室内装饰品等，共计6500多种产品。LINE FRIENDS的实体商店面积在46平方米到1300平方米，主要关注女性消费者。

> 无发布，无经历。

维多利亚的秘密
快乐品牌大使

在推出其香水系列"挑逗（Tease）"时，维多利亚的秘密确立了全渠道营销的新标准。借助照片墙，维多利亚的秘密邀请消费者前往实体商店，并和朋友一起选择一瓶香水拍照合影。向实体商店员工展示手机中带有#与Tease香水一起（VSTease）和#与礼物一起（VSGift）标签的照片的消费者，会收到一份惊喜礼物。

这样一来，维多利亚的秘密不仅增加了其社交媒体的影响力，吸引了照片墙用户的热情，也增加了实体商店的顾客到店频率。同时，这也是员工以娱乐性的方式与消费者产生联系的好机会。除了通过照片墙进行交流以外，实体商店的镜子上也贴有贴纸，以引起人们对拍照活动的关注。

所以，维多利亚的"秘密"到底是什么？答案很简单。一份礼物就足以让消费者快速拍照，从而成为品牌大使。其他看到朋友照片的消费者可能会因此前往实体商店做同样的事情。这就是营销效果成倍增长的方式，利用社交媒体营销就是可以如此简单。

▶ 维多利亚的秘密（VICTORIA'S SECRET）是一家美国零售公司、主要销售女性内衣、女性时装和美容产品。该公司于1977年在美国加利福尼亚州旧金山成立，现隶属于L Brand公司，总部位于美国俄亥俄州哥伦布。维多利亚的秘密是美国领先的内衣零售商之一，在全球拥有近1100家实体商店。

店内应用程序

零售商运用应用程序的方式各有不同。有些零售商只是尝试复制他们的线上商店，而有些零售商主要将这些应用程序用于广告宣传，有的零售商甚至根本没有应用程序。在实体商店零售中，应用程序的作用有限。但是，消费者手机上这些独立编写的应用程序可以为零售商及消费者提供无数种可能性和机会，尤其是为消费者。

超过一半的应用程序用户会在实体商店中购物时使用该应用程序，这是零售商改善购物体验、建立消费者忠诚度并增加实体商店销量的机会。毕竟，对于与消费者建立联系而言，没有比消费者在店内时更好的时机了。好消息是，想要做到这点只需要提供软件即可，无须提供硬件，因为智能手机已经在每位消费者的裤子口袋里了。

应用程序可以用于提供与产品相关的信息，从价格比较、详细的产品说明到产品评论。同时，应用程序也可以用于为到店的消费者提供实体商店店内促销价或是独家优惠。如果应用程序可以使用手机的定位技术，那就更有趣了。实体商店可以根据消费者的位置提供产品的私人推荐。例如，如果一位在时装店内的消费者恰好站在了牛仔裤区域前，应用程序可以向其推荐最新牛仔裤的尺寸和水洗样式。如果消费者立刻接受了推荐，还可以为其提供折扣。

应用程序也可以使用定位技术使其成为类似于店内导航设备的产品，直接引导消费者前往所需产品所在的货架前——快速、方便且不走任何弯路。特别是对于大型商店，这种导航对消费者作用巨大。

手机结账流程也是应用程序改善实体商店店内体验的重要方面，允许消费者只需利用应用程序即可付款。但消费者不是实体商店中唯一拥有手机的人，对于销售人员来说，配备智能手机、利用应用程序将其转变为移动收银台是很有意义的，尤其是在高峰时段。这样的话，消费者可以直接通过销售人员付款，不必去收银台排队。

借助应用程序，零售商可以像线上购物一样收集大量的消费者信息，包括应用程序内的导航、选择的产品、完成的购买以及在实体商店中的购物行为。零售商可以利用所有这些信息来优化购物体验并为消费者提供个性化的价格。毕竟，那些了解自己消费者的零售商可以以有针对性的方式为消费者提供产品，因此也更有优势，并且能借此获得更高额的利润。

这些只是实体商店店内应用程序提供的众多可能性中的几个例子。借助店内应用程序，零售商可以在消费者到店之前、期间和之后与他们建立联系，使得消费者的购物体验更加高效且令人兴奋。为消费者提供附加价值始终是重要的一环。对于许多应用程序而言，其部分潜力甚至都未被挖掘。

采取行动

- ▶ 一个应用程序可以有两个主要目标：增加消费者到店频率、改善店内体验。思考追求哪个目标，还是两者皆要。

- ▶ 明确购物体验中会干扰消费者的内容以及如何用应用程序解决此问题。

- ▶ 不要只尝试提供许多功能，而要专注于能真正为消费者带来附加价值的功能。

> **借助店内应用程序，在消费者到店之前、期间和之后与他们建立联系。**

家得宝
我的私人助理

我们都知道在五金店购物的最大痛点：找不到所需物品，或者是所需物品没有库存。如果想在五金店寻求员工的帮助，其结果通常是一个人都找不到，或者是找到的员工是负责其他业务的。而这也意味着：运气不佳，再找找看！基于对消费体验中这些痛点的关注，家得宝（The Home Depot）开发了一个屡获殊荣的手机应用程序。这个应用程序可以成为消费者智能手机上的有用工具，并为其创造相互关联的线上—线下体验。

借助集成语音控件，这个应用程序一方面可以让消费者在自己家中搜索所需的物品，另一方面也可以查询能提供这些物品的最近的实体商店。当需要更换家中某件无法正常使用的物品时，消费者只需要用手机拍一张物品的照片，这个应用程序就通过集成的图片搜索功能立即显示一个类似物品的列表。接着，消费者就可以将这份数字购物清单带到最近的可购买物品的实体商店。或

> ▶ 家得宝公司（The Home Depot Inc.）是全球最大的DIY连锁店，拥有近40万名员工。该公司成立于1978年，总部位于美国佐治亚州的亚特兰大市，在美国、加拿大和墨西哥拥有2200多家实体商店。这些实体商店的平均面积近9800平方米，为DIY爱好者和专业建筑承包商提供产品。

者，消费者也可以使用"在线购买，实体商店取货"服务，实体商店会在两小时内完成配货。所有的这些场景都可以通过家得宝开发的这个应用程序实现。

这个应用程序还有更多种功能。当消费者带着数字购物清单到达实体商店时，该应用程序会准确地向消费者展示所需物品所在的通道和货架单元。利用应用程序内的条码扫描功能，消费者可以获得有关该物品的详细信息，并阅读其他消费者的评论。如果仍然有信息不确定，消费者还能通过实时聊天功能与在线员工联系，让在线员工为消费者答疑解惑。

该应用程序也可用于向消费者提供有关DIY项目的说明及建议，或是有关家装方面的小提示。通过其增强现实功能，消费者可以选择物品并将其整合到房间的扫描图像中，在智能手机上查看该物品视觉上是否适合家庭的内饰风格。

这个应用程序的工作方式就仿佛是消费者的私人DIY实体商店员工一样，能陪伴消费者左右，回答任何问题。这个应用程序包含了所有可购买物品的信息资料——包括线下实体商店的4万种物品和线上商店的超过100万种物品。这个应用程序易于使用，解决了消费者的各种问题并且节省了时间、金钱，更重要的是——消费者不再需要鼓起勇气寻找了。

▶ 中国的生鲜食品概念超市七鲜（7FRESH）创立于2018年，实体商店平均面积在278～371平方米。七鲜提供了"超市+餐饮+生活方式"相结合的全方位的鲜食体验，不仅能为消费者提供新鲜、安全、可靠的产品，也为消费者提供在实体商店店内就餐的选择。七鲜中超过70%的产品是生鲜产品。该连锁店隶属于中国电子商务公司京东（JD.com），其成立于1998年，总部位于中国北京。2018年中国商业联合会和中华全国商业信息中心联合发布了2017年度中国零售百强榜单，京东是中国最大的零售商。

七鲜
万能的应用程序

七鲜将自身定位为生活方式品牌，借助技术支持，专注于产品透明度和消费者服务。为了获取消费者的信任，同时为消费者提供健康生活的知识，七鲜决定借助自己的应用程序，将实体商店中所有产品的信息乃至微小的细节全都披露出来。

想在七鲜购物的话首先需要下载其应用程序。该应用程序可用于扫描所有产品，激活产品信息显示，以及支付所需费用。同时，通过应用程序收集的与购买行为相关的非敏感消费者数据，将用于应用程序提供个性化的产品推荐。

由于消费者非常注重干净和卫生，即使是菜市场中的生鲜产品，如水果和蔬菜都会被包装起来。这也是七鲜区别于其他生鲜公司的一点。技术再次发挥了作用。例如，如果消费者拿起一个箔纸密封的苹果并扫描了货架上的条形码，那么这个产品的所有信息都会显示在数字显示屏上，从原料到原产地、从含糖量到消费者评价。

产品价格会显示在电子的价格标签上，只需一键就可以轻松调价，以保持与线上价格的同步。毕竟，全渠道的概念就是明确要求消费者既可以在家中舒适地挑选产品并最快在30分钟内一键式完成产品配送，也可以直接在实体商店完成购买。这么做的原因是，事实证明，那些在线上和线下都购物的消费者会花费更多的钱。因此，多渠道的消费者在业务中十分受欢迎。绝大部分的付款是借助手机完成的，同时接受现金和信用卡付款，这样做可以保证无法使用移动支付方式的外地游客有机会在实体商店内购买产品。

借助该应用程序，七鲜可以为消费者提供与产品有关的所有信息，又不会让整个实体商店中都充斥着标签和信息。

来自线上零售的启发

便捷支付

电子商务意味着消费者可以轻松快速地搜索和找到产品，付款过程也是简单又快速，通过点击、指纹或面部识别，消费者可以在几秒之内确认并支付在线购买产品的费用。这提高了消费者对快速、顺畅的购物体验的期望。毕竟在这个时代，每位消费者都能即刻获得各种产品，这使得他们对冗长的付款流程越来越没有耐心。这对实体零售也产生了影响：实体零售必须调整并简化付款流程，使消费者的付款流程更加方便、顺畅，尤其是要更快速。

但是，最有潜力能节省时间的部分并不是结账时的付款流程，而是实体商店中的导航系统。实际上消费者的时间主要用于寻找他所需要的产品，此时，他对大部分产品都不感兴趣。这意味着，快速定位所需产品比便捷支付更为重要。如果消费者确切知道他想要的产品的位置，那么他就可以将购物和付款流程结合在一起，从而获得快速的消费体验。举例来说，实体商店中可以设立一个单独的区域，在该区域中，消费者可以快速获取到最常购买的日用品。而这一区域最好能与自助结账系统结合使用。

如今，大多数消费者是通过信用卡或智能手机的付款功能完成付款。因此，为员工配备便携式收银系统是很有必要的。这样一来，从消费者进入实体商店直至完成付款，员工都可以始终伴随在消费者身边。苹果已经在多家实体商店应用这一功能。

同时，自助结账系统也越来越受欢迎。消费者只需扫码、付款、打包，最终离开实体商店即可。这种系统目前已经在各种产业以及各种价格区间的零售商中使用。例如，奢侈品牌丽贝卡·明可夫（Rebecca Minkoff）在美国纽约的实体商店中已经使用了自动结账系统。考虑到这种模式可能并不受所有消费者的喜爱，因此，具备两种付款选择的组合模式可能是最好的解决方案：对喜爱私人往来的消费者使用传统的结账方式，而对于赶时间的消费者则使用自助结账系统。

此外，还有各种Scan & Go[1]系统，可以借由各个公司的应用程序运行。这种方式将智能手机变成了扫描仪，使消费者可以使用智能手机直接扫描所有产品并完成付款。还有其他一些概念，例如"自动付款"（Checkout Free），消费者可以借此轻松地自助购买产品，并用公司内的消费账户自动计费。

所有这些解决方案都只与一个想法有关：节约消费者的时间，并使一切都尽可能的方便。

1　Scan & Go是指扫描与移动，这是一种静态三维激光扫描与动态实时移动扫描之间的作业模式。——编者注

采取行动

▶ 关注付款过程中对消费者最有帮助的部分。

▶ 仔细考虑哪种付款方式更适合消费者并且最有可能被消费者接受。毕竟,并非所有的技术方案都适合每个消费者。

▶ 反思快速付款过程是否真的为消费者增加了价值,还是说这种缺乏人际互动的方式会导致恶劣的消费体验?

塔吉特
双倍速度——快速方便还是发掘灵感？

大型零售商塔吉特（Target）曾对其消费者进行调查，以确定不同地区的消费者的不同需求。各个街区的消费者最需要的是什么？消费者是这次调查的关注点，也是根据调查结果制定的概念的关注点。双重设计原则就是由此产生的独特概念之一，其旨在建立消费者既易于购物，也乐于购物的实体商店。全美国各地的塔吉特实体商店都为赶时间的消费者和想悠闲漫步并游览产品的消费者同时提供了便利。在一些实体商店中，塔吉特设立了两个入口，一侧是用于快速方便式购物，而另一侧是用于灵感发掘式购物。

如果消费者选择灵感发掘式购物入口，那么他们将会被引导游览整个实体商店——正如上文提到的，平均面积约为1.2万平方米的实体商店。相反，如果消费者选择了快速方便式入口，他们则会看见可以即买即走的日杂、葡萄酒、啤酒和其他日用品，消费者就仿佛在便利店中一样。这个入口的重点是为消费者提供必需品，以便消费者快速轻松地从待办事项清单中画掉购物项目。同时，自助结账系统可以用于快速付款。

在线订单可以直接通过网站或智能手机付款，实体商店会在一小时内完成备货。接着，消费者可以在快速方便式区域内的提货柜台完成取货，而更赶时间的消费者也可以使用"即停即走"服务。使用此服务的消费者同样需要先在线上订购产品，当实体商店完成备货后，消费者需要发出两次通知，一次是在动身取货时，另一次是当他们到达指定停车位后。接着，塔吉特的员工会出现并装配产品，而后消费者就可以开车离开了。确实，没有比这更快速的方式了。

这个快速方便式的概念解决了许多消费者遇到的问题——缺少时间。这个解决方案适用于购物流程中的所有环节。

> ▶ 塔吉特公司（Target Corporation）于1962年成立于美国明尼苏达州明尼阿波利斯市，至今总部仍位于此。塔吉特公司拥有近35万名员工、1850多家实体商店，是美国的第四大零售商。其实体商店平均面积近1.2万平方米，提供食品、化妆品、衣物、家用产品和电器。其消费者的平均年龄为40岁，家庭年收入在6万~7万美元。

飒拉
试穿、打包、离开

自助结账系统已经在超市中广泛使用，但在时尚零售业中仍然很少见到。这种现象令人惊讶，因为时尚零售业的消费者同样期望获得快速方便的消费体验。

在飒拉的英国伦敦实体商店中，自助结账已经成为可能。在这里，飒拉将线上购物的付款便利性应用到实体商店店内体验中。在这家实体商店中，消费者可以试穿产品并立即穿戴离开，这一优势使得线下购物像线上购物一样容易。消费者将在触摸屏指导下快速完成付款过程。服装并不需要被扫描，相反，只需要产品处在自助结账系统附近，产品名称与价格就会立即显示在触摸屏上。接着，消费者就可以完成付款并取下产品的防盗标签。这样一来，整个付款过程变得异常快速和流畅。

消费者经常在试穿上花费极多的时间，但对于付款总希望越快越好。因此，这种服务形式非常适合消费者——因为它省去了消费者在收银台排队的等待时间。

▶ 飒拉是一家西班牙的快时尚零售品牌，隶属于全球最大的服装零售商之一——印地纺集团。该公司成立于1975年，在近100个国家和地区中拥有超过2000家实体商店。飒拉以其快速响应的供应链而闻名，其产品设计完成后，只需10~15天即可在实体商店上架。飒拉的产品主要包括女装、男装和童装，其目标客群是对最新时尚趋势感兴趣的男女。

零售未死

玛莎百货
休息间隙的快速购物

> ▶ 玛莎百货公司（Marks & Spencer Group plc），也称为M&S，是一家英国零售商，总部位于伦敦。该公司成立于1884年，在全球拥有近8万名员工，在全球拥有1400多家实体商店，其中有千余家位于英国。其产品范围包括服装、化妆品、家庭用品和食品。

许多玛莎百货杂货店的排队时间在午餐期间是最长的。为了消除消费者体验中的这一缺陷，玛莎百货推出了"扫描即走"（"Mobile, Pay, Go"）功能。这一功能是如何解决问题的呢？消费者需要先行下载玛莎百货应用程序并激活忠诚计划。在注册时，消费者可以选择系统接受的付款方式，例如借记卡、信用卡、苹果支付或谷歌支付。该应用程序可以识别消费者何时进入实体商店并自动激活"扫描即走"功能。这时，智能手机的相机就变成了移动扫描仪，消费者可以使用该扫描仪直接扫描产品或者是货架上的条形码。被扫描的产品会立即添加到应用程序中的购物车里，消费者可以在实体商店中的任何地方通过指纹或面部识别完成付款，收据会以二维码的形式发送到智能手机之中，就是这么简单和方便。这项服务使得消费者可以在40秒内扫描产品并完成付款，对于购物频率在午餐期间较高的实体商店十分有用。消费者通常利用他们短暂的休息时间到实体商店中购物，而这又是实体商店最忙碌的时候。因此，"扫描即走"这一服务完美契合了时间紧迫的消费者的需求。

来自线上零售的启发

零售未死

阿尔伯特·海恩
"碰触即走"

在超市里将想要的产品装入包中，然后无须在收银台付款就可以离开——而且是合法的，这是不是很棒？在荷兰赞丹（Zaadem）的阿尔伯特·海恩超市就可以做到这一点。实体商店中没有一个收银台，消费者甚至不需要从口袋中拿出手机就可以完成付款。

消费者只需要注册"碰触即走"（Tap to Go）应用程序并接收一张与自己银行账户关联的、具有付款功能的卡片。这样，消费者在进入超市时无须办理任何手续就可以立即开始购物。当选定产品后，只需用自己的卡片碰触产品下方的电子货架标签。当标签边缘亮起绿光后，消费者就可以拿走产品并继续购物。每个吊牌或者货架标签上都有对应产品的价格和条形码。消费者在选择产品后有10分钟的时间来改变他们的决定并退回产品。在退回产品时，需要再次用卡片碰触电子货架标签，接着标签边缘会亮起红光。如果不这样做，购买会在10分钟后完成。

这个概念是超市的理想之选，因为在这里时间至关重要。举例来说，这项技术非常适合在火车站的消费者，因为尽管消费者到店频率很高，但大家都没有时间用来等待。这项技术确保了即使是赶时间的人也可以在几秒之内完成购买，再赶向即将到来的火车。

从营业额来看，"碰触即走"系统对于具有冲动购买行为的消费者极具潜力。没有收银台后，消费者抵抗实体商店诱惑的能力会降低。此外，消费者只有有限的时间可以改变主意。电子货架标签也与软件系统相连，因此超市具备了动态价格调整的可能，就像酒店价格一样，可以根据供需情况进行调整。

虽然实体商店缺少了收银台，但也因此可以将这部分空间用于展出其他产品并且可以降低员工成本。

顺带一提，阿尔伯特·海恩超市利用此系统可以获取有关其消费者购买行为的详细数据：消费者在实体商店中的行动路径，消费者按什么顺序选择了哪些产品，消费者个人最喜欢的产品是哪些，等等。这些信息可以用于优化整个实体商店中的产品布置，并为每位持卡人提供量身定制的产品建议。

"碰触即走"系统为消费者带来了极大的便利，节省了时间。并且，它也为超市带来了许多优势，使得超市在线上和线下都可以领先于竞争对手。

▶ 阿尔伯特·海恩（Albert Heijn）是荷兰超市巨头，成立于1887年。该公司拥有超过10万名员工，在荷兰和比利时经营着近950家实体商店。其母公司是皇家阿霍德德尔海兹集团（Royal Ahold Delhaize），是实得购物超市（Stop & Shop）、雄狮食品（Food Lion）和科利奇超市（Giant Food Stores）等美国连锁超市的所有者。阿尔伯特·海恩实体商店的大小因其形式而异，其目标是成为为每个人服务的超级市场。

零售未死

亚马逊无人便利店
与人工智能相机一起购物

亚马逊美国线下便利店（Amazon Go）看起来与普通的便利店别无二致，但其拥有独特的技术。在这里，产品不需要被扫描，也没有收银台。消费者进店，拿走产品，然后离开，就是这么简单。这就是为什么亚马逊将这种技术称为"离开即可"（Just Walk Out）技术。消费者只需要下载亚马逊无人便利店应用程序并将其与自己的亚马逊账户关联。进入便利店后，消费者将打开应用程序的智能手机靠在入口区域的扫描仪上，然后将智能手机放回口袋，就可以开始购物了。

接着，消费者将计划购买的所有产品放入自己带来的或是便利店提供的袋子中。"离开即可"技术可以准确地检测出消费者从货架上拿走的东西是什么，并在虚拟购物车中对其进行追踪，就像在亚马逊网站上一样。如果消费者将产品放回货架，系统则会将其从虚拟购物车中删除。当消费者离店后，系统会向其亚马逊账户收费，消费者可以在应用程序中查询到相关收据。

> ▶ 亚马逊是美国最大的电子商务公司，其总部位于美国华盛顿州。它成立于1994年，目前拥有近65万名员工。第一家亚马逊美国线下便利店亚马逊无人便利店于2018年在西雅图正式营业，截至2019年10月，美国有近16家亚马逊无人便利店。亚马逊无人便利店占地近167平方米，店内提供各种产品——从预制的三明治、沙拉、小吃和饮料到必需的日杂用品和传统的成品餐食。基于其公司理念，亚马逊无人便利店成了消费者快速获取美味佳肴的便捷之选。

这套流程的背后是什么？是计算机视觉、传感器融合和深度学习结合而成的技术，这些技术共同实现了这种零结账购物体验。这种技术也被应用于无人驾驶汽车。实现亚马逊无人便利店的概念需要极其精确的技术，毕竟，采取措施来确保消费者只为实际购买的产品付款毫无疑问是必须的。

不论消费者多赶时间，都可以在亚马逊无人便利店完成一次购物。消费者可以进入便利店，装满背包，然后在极短的时间内离开便利店。在亚马逊无人便利店的购物体验中，消费者永远无须等待。同时，这一系统也提供了最大限度的便利。

亚马逊无人便利店的用户的消费体验正在被重新定义。对于亚马逊来说，这是一个新的探索领域，可以进一步了解实体零售中的消费者行为。除了有关消费者本身的基本信息外，亚马逊也能了解到每种产品提供的各种数据：产品被触及的频率、产品被放回货架的频率、消费者会在多长时间之后将产品放回原处，又选择了哪种产品作为替代品。问题和答案的列表可以无限延伸，这些数据使得亚马逊在线下交易中也具有了很大优势。

取货与退货

对于公司而言，线上订单的高运输成本是一个问题。如今，消费者只倾向于能够免费送货和退货的产品。为了保持竞争力，公司不可避免地必须同意免费送退货。但是，如果公司有很多实体零售商店，这或许会成为一种优势。毕竟，线上订单的线下派送与退货是降低运输成本的绝佳方法。

对于消费者而言，这样做还有一个额外的好处——可以在一个小时之内取货而不必等待产品配送到家。如果在12月23日突然意识到圣诞节快到了，那这也就是购买圣诞节礼物的最后的好时机。对于大多数线上服务而言，这个时间已经来不及及时交付产品。然而，对于线上订购并在线下取货这种服务而言，时间仍然是足够的，甚至还可以冷静地包装礼物。

在这种情形下，实体零售拥有另一个不应被低估的优势，那就是如果消费者前往实体商店来取货或退货，那么他可能会进行更多的消费。无论如何，这增加了消费者的到店频率，也意味着产生更多销售的机会。

另一种策略是"线上购买，邮寄到店"（Buy Online Send to Store），除了产品并不是直接从分支实体商店中直接拿取而是购买后配送到实体商店之外，其工作原理与上文所述基本相同。

一些公司会设置一个专门的柜台，用于拿取线上订购的产品。但是，对于积极的消费者体验而言，这样做有一定风险：有时，会有多位消费者同时想要提货，导致等待时间的增加。这是线上消费者想避免的一个重要情况。因此，许多实体商店安装了取物柜或是自动取物系统。消费者进入实体商店后，只需要在机器上扫描他们的订购代码，便可以打开一个储物柜并取走他们的产品。

有些公司甚至更进一步，向消费者提供了"路边取货"（Curbside Pickup）服务。产品可以直接递送到停在实体商店门口的汽车中。这与"线上购买，实体商店取货"的工作方式基本相同，区别在于：消费者通过点击智能手机，表明他已经动身去取货。当再次点击智能手机时，则表明他已经到达实体商店前。接着，销售人员就可以前往路边的取货停车位，并将消费者购买的产品装载上车。

许多线上消费者在下单时就有部分订单产品退还的打算，如果商家打算用相同的流程管理线上与线下退货，通常无法成功。其结果是增加消费者的等待时间，这绝不会带来积极的体验。但是，如果可以快速便捷地退回产品，商家将收获忠实的消费者。基于此，也就有了自动回收站，就像取货服务一样。两者工作方式相似，提供了便利与快速的服务，而这也不只是线上消费者想要的。

可能有人认为将取货和退货柜台放置在实体商店后面是一个聪明的主意。这样，消费者将不得不在途中经过大量产品，从而实现销售机会的增加。但是，这绝对是错误的策略。

大多数线上消费者选择这种数字购物方式是为了节省时间，如果消费者必须走很长的一段路才能换货或是退货，相比线上交易，零售商将处于不利地位。另一个反对这种放置策略的观点是：谁说直接设置在入口处的取货和退货柜台会减少销售机会呢？

如果商家提供了取货和退货服务，那么消费者及商家业务都将通过多种方式从中受益——前提是：必须做对的事情。

》采取行动

> ▶ 明确如何提供快速便捷的取退货服务。
>
> ▶ 调整流程以便在短时间内将订购的产品从仓库发到提货地点，再从提货地点递送给消费者。
>
> ▶ 在实体商店入口附近易于识别与到达的位置设置特定的取退货区域。

诺德斯特龙
社区取货点

想象一下，你最喜欢的时尚商店没有任何库存，但它提供的东西比其他任何商店都多。诺德斯特龙推出的新型概念零售店本地商店（Nordstrom Local）极有可能变成这个样子———一个社区服务中心。在这里，消费者可以完成线上订单的取退货服务，同时这里也提供个人造型服务、裁剪服务、清洁服务、指甲护理等。其目标是成为当地社区的一部分，一个消费者在下班回家路上会短暂停留的地方，或许是来取走线上订单的产品，或许是在实体商店当场试穿这些产品。

为了精确地为每个社区的特定需求定制服务，诺德斯特龙需要充分了解各个地区的消费者。最关键的是要了解他们想要什么以及社区里还有哪些服务是尚未使用的。无论如何，所有诺德斯特龙的本地实体商店都有一个共同点：没有库存，也几乎没有展出产品。但在每个实体商店，都配有各种取退货服务。

> ▶ 诺德斯特龙公司是一家美国奢侈品连锁百货店，其总部位于美国华盛顿州的西雅图。该公司成立于1901年，拥有近7万名员工，在美国和加拿大拥有近400家实体商店。其主要销售服装、配饰、鞋子、化妆品和香水。在部分实体商店中，也设有婚礼服装和家具部门。

"线上购买，实体商店取货"是诺德斯特龙本地商店不可或缺的一部分。这个流程很简单：线上选择产品，点击"在您的实体商店购物"，然后选择诺德斯特龙本地商店实体商店。消费者当天即可取货，并将收到电子邮件通知。

如果消费者没有时间去实体商店取货，则可以使用"路边取货"服务，即员工直接送货至消费者的汽车中。当消费者出发取货时，点击"在途中"，当到达实体商店前的路边取货区域时，停车并点击"我已到达"，消费者的订单产品将直接配送到汽车中。

退货既快速又简单，每个实体商店的员工都能顺利地处理这些退货。诺德斯特龙本地商店也接受其他零售商的退货，无论是在哪里或者与哪位达成的线上订单。如果订单原供应商不提供免费退货服务，诺德斯特龙本地商店还会一次性支付5美元的运费。待退货的产品一经寄出，消费者就会收到一封含有运单编号的电子邮件。

有了诺德斯特龙本地商店，线上与线下购物的优点可以相互结合。便利性和快捷性，与消费体验和人际交往借此相互联结。所以，消费者不再将诺德斯特龙只视为一个网站或者本地实体商店，而是两者的结合。

科尔士百货公司
与亚马逊退货共同成长

对于退货服务，科尔士百货公司（后文称"科尔士"）跳出了固有思维，提出了一个聪明的想法。目前，这家百货公司已经与亚马逊建立了合作伙伴关系，并在其1150多个实体商店提供亚马逊订单退货服务。在这里，没有盒子或是标签的产品也会被接收，科尔士会提供无须额外费用的包装服务，之后再寄回亚马逊的退货中心。科尔士为什么这么做？这是为了将更多的消费者引流到自己的实体商店中。退货过程非常简单，消费者只需要在其亚马逊账户上选择退货产品，并选择"科尔士投递点"（Kohl's Dropoff）作为退货地点即可。接着，亚马逊会建议消费者到最近的科尔士实体商店，在该实体商店投递退货产品。想要打包产品的消费者可以自行包装并打印标签。

而那些不愿意打包的消费者也可以退货，其产品也会被接收。在投递点门口的正前方设有亚马逊退货专用停车位。在实体商店中，科尔士为消费者扫描产品标签，然后接收退货产品。此外，每位前来投递亚马逊退货包裹的消费者都会获得一张75折的折扣券。由此可见，消费者的便利性比其他任何事情都更为重要。

这些策略帮助亚马逊降低了退货成本的上涨，因为现在的消费者期望退货是免费的。对于科尔士来说，这种合作意味着增加了消费者到店频率，对于彼此是双赢的局面。

▶ 科尔士百货公司（Kohl's Corporation）是一家全渠道零售商，于1962年创立。如今，其总部位于美国威斯康星州的梅诺莫尼福尔斯。目前，其拥有近11万名员工，在美国有1150多家实体商店，平均面积约为7900平方米，出售专有和本国品牌的服装、鞋类、配饰、美容用品和家庭用品。其核心目标客群是35～55岁的中等收入的、为家庭购物的女性。

▶ 沃尔玛公司（Walmart Inc.）是一家美国连锁企业，经营着一系列的超市、折扣店和杂货店。该公司成立于1962年，是美国最大的食品商，同时也是全球收入最高的公司。沃尔玛以55个不同的名字在27个国家和地区经营了近1.1万家实体商店。其拥有近220万名员工，是世界上最大的私人雇主。沃尔玛实体商店的平均面积近1.63万平方米。

沃尔玛
为超标产品而设的"取货塔"

在沃尔玛，选择在最近的实体商店提货而不是送货上门的消费者可以获得折扣。对于沃尔玛而言，将产品运送到自己的实体商店要比直接派送给消费者便宜得多。相比于其他的线上零售商，沃尔玛此举是使其获得优势的明智之举。其竞争对手亚马逊为它的消费者提供了取货储物柜，但限制了产品的尺寸。而沃尔玛的消费者甚至可以在"取货塔"（Pickup Tower）中取走一台电视。

目前，沃尔玛在其实体商店中拥有近1700个这样的"取货塔"，它们都位于实体商店入口的中央位置，以便消费者快速拿取产品。"取货塔"高约为4.8米，宽0.3米，长1.5米，因此不会存在看不到"取货塔"的情况。在完成线上购买并在手机上收到提货码后，消费者只需将提货码放在实体商店内的塔式扫描仪上即可。在10～45秒，"取货塔"的配送抽屉会亮起并打开，消费者可以取走之前订购和付款的产品。

沃尔玛同时拥有近2500个"取货塔"。到2020年年底，沃尔玛预计将有3000个设有"路边取货"的网点。在这些网点，线上订购的产品将直接配送到沃尔玛的停车场，再由员工装配到消费者的车中。

退货是另一个难题。每当消费者想要退回某些产品时，就要和其他等待处理相同事务的消费者一起排队等待。沃尔玛针对这一困境也开发了一种策略，可以为消费者提供简单、顺畅的退货服务。这项叫作"手机极速退货"（Mobile Express Returns）的服务可在近5000个网点使用。消费者需要做的就是打开沃尔玛的应用程序，选择购买的产品，点击"手机极速退货"，再点击几下，确认码就会出现在手机上。这样，消费者就可以直接前往此服务专用的购物通道"手机极速通道"（Mobile Express Lane），扫描二维码，再将产品交还给员工即可。退款会在第二天退回。

在提货和退货方面，沃尔玛的概念是完全从消费者的角度出发而形成的。简单、方便、快捷，完全符合当今消费者的期望。

配送服务

不论是食物、杂货、书籍、电视还是其他东西，任何产品都可以随时订购并送货上门。线上销售的零售营业额一直在上升。如今，数字零售与实体零售之间的界限变得比以往更加模糊。这就导致消费者越来越希望实体零售也能随时配送各种产品。未来，配送服务将继续发挥着重要的作用。因此，零售商必须制定新的快速配送策略，以可承受的成本来满足消费者的需求。配送服务不仅可以满足消费者的期望和其所需的便捷性，也为公司提供了一次借由服务而产生的与众不同的机会。

零售商可以将其数量众多的实体商店作为线上购物配送所需的仓库。通常，电子商务公司是从靠近重要集送中心的大型仓库进行订单配送，但这些仓库不一定离消费者近，因此有时配送会需要好几天的时间。这种情况对于实体零售来说是个机会，尤其当实体商店区域密度较大时，实体零售可以在一天甚至几小时内完成产品配送。因此，实体商店可以利用它们的库存服务线上消费者，这不仅可以缩短配送时间，也可以降低配送成本。

配送的次数越多，对环境的影响就越大，消费者也意识到了这一点。在有关环境可持续性始终处于公共热点话题的背景下，近年来，这类消费者的数量一直在快速并保持着强劲地增长。因此，从中长期来看，可持续的交付方式将成为影响购买决定的关键因素。鉴于这种情况，全球的线上和线下的零售商都在尝试多种配送策略——从电动汽车配送到自行车配送。

配送的目的地也不再有任何限制。在阿拉伯联合酋长国的迪拜或是荷兰的阿姆斯特丹等地的机场中，配送服务已经可以直接将食品订单送到登机口。亚马逊甚至向美国的通用汽车车主提供直接配送至停放的汽车中的服务。当送货人员到达该车辆旁时，消费者便会通过他的亚马逊扫描仪发送请求，从而将汽车远程解锁。亚马逊会对该车辆与订单进行比对，之后授权送货人员进行配送，并通过GMC[1]连接服务解锁车辆。送货人员放好包裹后，再次将车辆上锁，接着消费者会收到一个已送达的确认消息。

在中国，京东推出奢侈品快递，当你线上订购高级腕表送给女友，配送小哥将身着西服，手戴白色手套，驾驶电动汽车，将你的礼物优雅地送到女友手中。因此，这也是一次利用一致的品牌体验，将自己与竞争对手区分开的机会。

在此情境下，还有许多其他的选项可以尝试。从机器人配送到无人在家时的无人机直送冰箱服务。有许多迹象表明，这些最新的配送方式在不久的将来并不会成为主流。但是，回首过往，许多花费大量时间才能习惯的创新形式，也随着时光流逝变得习以为常。在20世纪90年代，尽管有所怀疑，但是消费者不得不尝试用线上信用卡的付款方式。如

---

1 GMC中文译为吉姆西，GMC事业部是美国通用汽车公司旗下的商务用车品牌。——编者注

今，这种付款方式已被视作理所当然。

配送服务可以成为零售商与其竞争对手之间的明显区分点，或许是借由速度、配送过程中的附加服务，或许是借由从挑选到购买再到配送上门过程中的一贯便利性的购物体验。

》采取行动

▶ 思考消费者可以在配送过程中获得哪些附加服务，以及是否存在一种可以与配送相结合的特殊服务。

▶ 确认自己品牌的消费者是否对配送服务有足够多的需求。

▶ 思考是否有合适的合作伙伴可以共同实施这项配送服务，这样就无须组建自己的配送代理团队。

▶ 宜家是全球最大的家具经销商，于1943年由当时年仅17岁的英格瓦·坎普拉德在瑞典创立。如今，该公司拥有近21.1万名员工。宜家设计并销售成品家具、厨房用具和家居产品，目前在50多个国家和地区拥有400多家实体商店。

宜家
为大城市消费者专设的服务

大城市的宜家消费者与小城市的宜家消费者的生活方式并不相同。毕竟，由于居住面积不同，不同消费者对生活方式和装饰的想法通常也会有所不同。在大城市，消费者需要一种巧妙的解决方案，确保其在尽可能小的空间内容纳所有的生活区域。此外，大城市的消费者习惯于能在居住地周围立即获得各种产品或是服务。例如，在购买家具时，他们不希望去远离市区的郊外的大型实体商店。

"宜家设计工作室"就是以宜家的大城市消费者为主的新型实体商店。这些实体商店比通常的宜家实体商店要小很多，并且在英国伦敦，美国纽约、洛杉矶和芝加哥等市的市中心开设。这些设计工作室为消费者提供了如何在狭小空间中使用宜家产品生活的精彩案例。此外，这里也提供由家居专家负责的免费设计咨询，消费者可以轻松地在线上预约这项服务。

消费者无须担心如何通过地铁等公共交通将购买的家具运回家中，因为所有的产品都含有配送服务。一口价的配送服务不限产品数量，而且配送甚至可以直达消费者的客厅。这种送货上门的服务不麻烦而且快速便宜。除了送货上门外，宜家还提供其他服务。例如消费者付一小笔费用就可以让宜家接管耗时的产品组装工作。

宜家没有自己的运输车队，而是与中外运敦豪（DHL）、美国联合包裹运送服务公司（UPS）和瑞典邮政（PostNord）等运输合作伙伴合作，它们在全球范围内拥有近1万辆汽车以供配送。宜家承诺，到2025年，与合作伙伴将使用更为环保的电动汽车进行全部的产品配送。

"宜家设计工作室"完全朝着消费者需求而发展。它的核心并不仅是提供产品，也涉及在各个层面上都方便快捷的服务，包括产品的设计、配送和组装。

> **消费者期望零售商能在任意时刻配送任意产品。**

7-11
配送与关心

在日本，便利店几乎随处可见。便利店就是一些在社区中的实体商店，以合理的价格提供食品及杂货。这些便利店对老年人尤为重要，因为他们不需乘坐交通工具即可到达。这是一个有力的优势，尤其对于日本这个老年人口占总人口比例特别高的国家。日本有1/4的人口已经超过65岁，7-11针对这一目标客群调整了产品和服务，并在其70%的实体商店中提供送货服务。

日本便利店出售各种杂货和日常用品，并且直接处于社区之中。除了购物之外，7-11还向消费者提供餐食。7-11确保老年人有盐分较低的营养餐可以选择。只要成了7-11推出的定食服务（7-Meal）的会员，就可以享受这些服务。

消费者可以在线上或者线下选择配送餐食和日用杂货。大部分情况下，当地实体商店的员工会将产品直接送到消费者家中，由于这些员工都与他们的老顾客相识多年，因此这种配送就有了友好拜访的意味。特别是对于独自一人生活、常常感到孤独的老年人，当他们在家里看到一张熟悉的面孔时，会有很好的感觉。

但是，送货上门仅仅是个开始。7-11正在对人口变化和其他社会变化做出回应。回应方法甚至拓展到让便利店与地方政府建立合作伙伴关系的程度，以便让7-11员工可以在日常送货的过程中检查老年消费者的健康状况。如果出现令人担心的情况，7-11员工就会通知政府以便政府向老年消费者提供帮助。

7-11已经意识到便利店是社区的一部分，也是与老龄化相关的解决方案的一部分了。7-11的创新的配送服务使其在其他竞争者与线上交易之中独树一帜，对其业务产生了积极影响。

> ▶ 7-11（日本伊藤洋华堂公司所属便利店）是一家连锁便利店公司，其总部位于日本东京。"7-11"这个名称起源于1946年，当时这些便利店的营业时间是从早上7点到晚上11点。7-11品牌在全球17个国家和地区发展了超过6.9万家便利店，其中有2万多家位于日本。

可持续性

零售业务比以往任何时候都更受到消费者的关注。消费者想确切地知道公司在可持续性和环境问题上的立场。谁生产的产品？在哪里生产产品？在哪种生产条件下生产产品？公司正在采取哪些措施以实现可持续地经营实体商店？当涉及环保时，现在的消费者要求的是绝对的信息透明，并且环保对购买决策的影响越来越大。公司最好将纸张与塑料废弃物分开，并在整个实体商店中使用环保的发光二极管照明。但现在公司所做的远远不够，消费者期望获得更多。

从利用可再生原材料的店面设计，到实体商店的能源与水资源消耗，这其中的回收、再利用与避免产生废弃物是消费者感兴趣的重要主题。消费者不只是想知道公司如何实现这些概念，他们还希望公司告知他们，消费者可以做些什么来过上更加可持续的生活。

但是，即使在生产过程、供应链和销售点上都做到环保也还是不够。零售商需要提出新的策略来延长产品的生命周期，从而使它们的使用时间比现在更长。公司有许多新的策略可以应用，从订购租赁模式到转售或回购产品。

本章将讲解如何在可持续性方面满足消费者的期望，许多成功的例子说明了实体商店如何实现创造性、创新性以及长久的环保性。

销售重点

零售业务的可持续性是一个热门话题，也将持续是一个热门话题。但是，为什么零售商要重点关注可持续性？一方面，当然是出于道德原因，毕竟知道后代将继续拥有一个可以称作"家"的星球是一件令人开心的事情。另一方面，对于消费者而言，公司追求可持续的商业实践也变得越来越重要。对于他们而言，这已经是品牌的主要的差异化特征。

甚至实体商店的设计或是橱窗展示也应该反映可持续性。首先，材料应该选用当地的可再生资源，目前已经有完全由可回收材料制成的人体模型和衣架。此外，可持续性的设计也可以降低成本。

除此之外，消费者看重的是能源消耗。一些公司的屋顶上设有太阳能电池板，公司可以利用它们来制造电能。窗户的使用减少了对人工光的需求，同时还有另一个优势——自然光也对人们的满意度与幸福感有积极的影响。发光二极管灯具的使用不仅可以节省电力，而且可以节省金钱。

在节水方面，公司可以使用节水的设备与卫生设施，制定策略以减少产品生产过程与消费者使用过程中的用水量。例如，鼓励消费者少洗衣服。在许多地区，空气污染是一个主要问题，并且消费者会根据空气质量选择购物目的地，部分商场内的显示屏会显示空气污染程度。植物也可以用来提供帮助：公司可以应用在室外与室内设计中的树木和本地植物改善空气质量。

回收可以以多种方式在实体零售中实施，例如公司设置回收废弃物，或者为消费者提供可回收材料与衣物捐赠的投放点。一些零售商甚至更进一步选用了预回收策略，即一开始就不产生任何废弃物。这样做可以使整个实体商店都没有产品包装或者是一部分没有塑料包装。

重复使用也是一种为零售商提供新机会的策略。例如，引入可重复使用的袋子或是产品包装。如果消费者将空容器送回用于重新填充，美妆品牌方会给消费者提供折扣。这种情况已经在香水、面霜与洗手液领域中成功实施。

消费者希望能减少浪费、重新填充与回收利用，但他们并不总是知道该如何实施。通过实体商店店内交流或是研讨会，零售商可以向消费者展示其实施方式。例如退回可回收产品、重新填充可重复使用的容器时，零售品牌会提供折扣。这不仅对环境有帮助，也可以提高消费者的购买频率以及对品牌的信任。毕竟，知道该公司不仅在考虑利润，而且还在考虑环境，会让消费者有一种很好的感觉。

采取行动

- ▶ 在实体商店和橱窗设计中使用可回收材料和区域可再生资源。

- ▶ 寻找减少能源消耗和水资源消耗的方法。尝试在所有业务领域中避免浪费,做到回收和重复使用产品。

- ▶ 通过实体商店店内交流或研讨会向消费者展示如何实施可持续性发展。利用实体商店、网站和社交媒体传达可持续性行动。

- ▶ 制订消费者忠诚度计划,奖励环保的购买行为。

零售未死

英国环保奢侈品牌Bottletop
机器人打印出的实体商店装修

Bottletop是一家践行可持续性奢侈品、伦理性设计、技术创新和跨文化合作的品牌。这些价值观、倾向性对与产品相关的所有制造过程都是有决定性影响的。当然，位于英国伦敦摄政街的Bottletop旗舰店更是一直迎合这些要求。可持续性从产品处体现，在实体商店设计里持续保持。在这种情况下，Bottletop旗舰店建筑设计应用无废弃物理念，以对环境负责。

英国伦敦实体商店的室内装修改造历时两个月。在此期间，实体商店保持正常营业以便消费者可以近距离亲身体验回收过程和由此产生的新事物。实体商店的墙壁由重复的三维图案组成，是利用3D打印机器人以可回收塑料瓶为材料生成的，全程都由消费者亲眼见证。装修工人首先会将原材料进行清洗、粉碎、挤压，以备用于这个特别的实体商店设计中。整个项目共使用了6万个可回收塑料瓶。

实体商店的天花板是由3D打印的网格结构与嵌入其中的金属罐组成，地板由磨损的自行车轮胎制成。因此，实体商店的所有部分都是在生态责任意识下建成的，没有任何浪费。

在实体商店改造的限定期间，消费者可以与3D机器人互动，还会收到定制的、由塑料丝打印而成的Bottletop背包吊坠。因此，到店的消费者可以亲身体验Bottletop的可持续性和创新理念，对公司使命的生态背景有更多的了解。

> ▶ Bottletop成立于2002年，是英国配饰品牌玛珀利（Mulberry）的设计合作品牌。该公司致力于使用可回收材料可持续地生产奢侈手袋。公司的第一个手袋系列名为Bottletop，是源自公司的名字。公司的核心业务——Bottletop基金会，通过健康教育项目为埃塞俄比亚、肯尼亚、马拉维、莫桑比克、卢旺达、津巴布韦、巴西和英国的年轻人提供支持。该公司目前在英国伦敦设有一家旗舰店。Bottletop的产品目前在众多的多品牌奢侈品供应商处有售。

（我们的实体商店将为您提供可持续性的服务。）

宜家
泰晤士河旁的可持续发展

在宜家，可持续性不仅是口号，也是公司理念的组成部分。随着英国伦敦格林尼治区实体商店的开业，宜家制定了关于可持续性的新标准，不仅在设计和建筑方面实施该标准，宜家希望能鼓励当地社区居民过上更加健康、更加可持续的生活。2019年，宜家格林尼治店正式被评为英国最具可持续性的实体商店。

整个实体商店完全由可再生资源组成。该实体商店建设中99%的无害建筑废料都实现了回收。屋顶大面积覆盖着太阳能电池板用来为建筑供电。借助玻璃和天窗，大量的日光得以射入室内，这也是为什么几乎不需要发光二极管人造光的原因。在冬季，实体商店采用环保的地热供暖系统供暖。通过收集并且使用雨水，实体商店的用水量仅达常规的一半。

建筑屋顶上设有露台，最多可以容纳500人。露台上配有屋顶花园，布置了精心挑选的植物，可以很大程度上净化空气。除了这个员工和消费者均可进入的区域外，宜家另外设有其他可供灵活使用的房间用于瑜伽、冥想课程或是各种研讨会。

宜家格林尼治店也提供各种课程，以指导消费者如何过上更加可持续的生活，又不必完全颠覆自己的生活。在研讨会上，专家们会分享有关如何减少浪费、维修或重新设计家具、再利用纺织品等方面的知识。

对于可持续发展，还会有谁比年青一代更重要的呢？因此，宜家与当地学校紧密合作，从而将有关生长、营养和节能的专业知识传授给儿童。这将教会他们控制自己只使用自己真正需要的东西——无论是食物、水还是能源。此外，宜家也会资助附近的生态公园，以保护附近的野生动植物。

不仅如此，实体商店的位置也位于可以让消费者轻松、环保到达的地段——可以骑车、步行甚至乘船。实体商店门前设有许多自行车停车架。

宜家格林尼治店通过节能、循环和再利用的理念，不仅成了当地社区的榜样，也是全世界实体零售商的榜样。宜家将可持续性做到了极致。

▶ 宜家是全球最大的家具经销商，于1943年由当时年仅17岁的英格瓦·坎普拉德在瑞典创立。如今，该公司拥有近21.1万名员工。宜家设计并销售成品家具、厨房用具和家居产品，目前在50多个国家和地区拥有400多家实体商店。

▶ Original Unverpackt是一家德国零售公司，于2014年在德国柏林开业。该实体商店提供近600种不同的产品，包括谷物、麦片、调味料、油、面食、香料、茶、牙膏、洗发水、护发素、化妆品、清洁剂等。正如公司名字，这家零废弃实体商店的特点就是所有产品出售时都不会造成随后的浪费，即没有任何包装。公司有20名员工。

Original Unverpackt
在超市内的自行打包

如今，从牙膏到木斯里[1]（muesli），几乎所有的日常用品都有外包装。有时，甚至在外包装内还有其他包装。如果我们每个人的所有日常产品都没有浪费包装，那么这一小步将会产生巨大的影响，这也正是Original Unverpackt的概念。在这家实体商店中，完全看不到任何包装。取而代之的是，所有产品都在大型配货机中以待灌装。

想要购物的消费者可以从家中携带自己的可重复使用的袋子或瓶子。然后在店内将这些容器称质量，再贴上带有相应质量规格的标签。如果不想要标签，也可以从Original Unverpackt购买可重复使用的容器，这样在未来购物时就无须称重，然后消费者就可以开始购物了。配货机只会装填消费者所需的质量——无论消费者需要的是多是少。在收银台，销售员会对容器称重，再减去容器标签上标注的质量，消费者就可以为装填的产品付款了。一切都是按照质量计价的，包装费用在别处一般会被计入产品费用，因此通常在这里产品会更便宜。

Original Unverpackt的完整供应链中都是无塑料的，通过使用纸制包装，尽一切努力降低材料浪费。产品主要由当地的有机公司提供，以避免不必要的环境影响。由于产品没有任何包装因此产品没有商标，例如品牌标志、照片或者典型的品牌颜色。尽管看起来不太寻常，但是消费者并不介意。

此外，还有一家线上商店售卖食物以外的产品。在配送时不使用塑料包装，其包装的解决方案是使用回收再利用的材料，如重复利用的盒子。

Original Unverpackt公司的所有决策始终都会考虑到可持续性。这样做是为了向公众传达一种体验，即减少浪费和可持续地生活实际上很容易。而这种体验正是公司在其日常业务中传达给消费者的。

---

[1] 木斯里是发源于瑞士的一种流行营养食品，主要由未煮的麦片、水果和坚果等组成。——编者注

> 可持续性是品牌的主要的差异化特征。

爱荷有机生活连锁超市
无塑料货架

塑料废弃物是全世界人民都日益关注的严重问题，甚至连政治家都感受到了危机。塑料废弃物确实会对海洋造成巨大破坏，并且对食物链造成威胁。然而，微塑料和有毒塑料添加剂不仅会通过海洋和鱼类到达人类的盘中，也会通过昆虫和禽类到达人类的盘中。换句话说，塑料就在我们体内。食品零售业务在全球使用的塑料包装中占有很大比例，因此爱荷有机超市在2018年提出了一个使消费者更容易减少塑料使用量的概念。该公司开设了世界上第一个没有塑料制品的超市货架走道，即"无塑料走道"。

这里提供大约700种日常

▶ 爱荷有机生活连锁超市（Ekoplaza）创立于1980年，其总部位于荷兰费赫尔。该公司在荷兰拥有80多家超市实体商店。

产品，从大米、牛奶、巧克力、酸奶、水果、蔬菜到调味料、肉，等等。一切产品都以玻璃、金属、纸板或生物膜包装。生物膜是基于植物的一种产品，可以用于堆肥。它由纤维素、木浆、藻类、草、玉米淀粉、虾壳等制成。

大幅减少食品零售业务中的浪费，这种想法并不新鲜。现在有许多"零废弃物"商店，在这里消费者将产品装到他们自己带来的容器中。这种方式与"无塑料走道"

的最大的区别在于，爱荷有机超市及其推出的概念更紧密地贴合了消费者的正常购物行为。在"无塑料走道"，消费者无须携带任何容器，也完全无须进行装填或承重。因此，这是一种转向减少废弃物式购物的更简单的方法。

作为一家有机生活连锁超市，爱荷成功地将其可持续发展战略与其超市的分支实体商店相结合起来。

出租、转售、重新设计

快时尚的市场发展方向促使服装的技术寿命（指从购买到衣服破掉的时间）与其实际寿命（指消费者购买到不想再穿的时间）完全不相称。这意味着从技术上讲，几乎每件衣服的可穿着时间都比实际穿着时间长得多。消费者，尤其是年轻的消费者正在渴求延长服装使用寿命。迄今为止，大多数零售业的可持续发展努力方向都集中于发展环保的生产与供应。但是，这已经不能满足消费者。谢天谢地，在这种背景下，满足消费者需求并受到消费者好评的新概念已经推出面世。

如今，几乎所有的消费领域都有购买和租赁两种模式，从汽车、家具到衣服、配饰。购买和租赁模式不仅只在奢侈品领域，而是在各个板块全面发展，因为消费者租赁产品的行为已经发生了改变。过去，人们只向最好的朋友借衣服，但现在，即使是租借衣服也已经成为一种成功的商业模式。

转售也不再是一种利基战略[1]，因为希望将可持续性纳入其购买决策影响因素的消费者数量正在稳步增长。借助老式和二手产品的快闪区域，知名品牌方也可以自行测试转售这一领域。转售领域具有巨大的潜力：如果实施得当，可以增加消费者的消费频率，扩大目标群体。高价品牌方也可以为自己的品牌引入购买力较低的消费者。

回购自己的产品也会为品牌方与品牌方的消费者带来优势。好的策略应确保退回的产品能继续合理使用，并为参与的消费者提供奖励。例如，如果消费者退还衣服，他们就可以收到代金券。这样，不仅可以吸引消费者到店，还可以增加消费者购买新产品的机会。

加工或修理产品也是激发消费者灵感的主题。利用研讨会或相关活动可以增强公司的可持续形象，激发强大的消费者忠诚度。

租赁和转售模型的快速增长清楚地展现了这一策略的未来。给消费者带来的好处显而易见：产品的性价比更高，消费者有机会拥有自己原本买不起的产品。同时，消费者越来越希望可以延长产品的使用寿命，以更可持续的方式处理产品。

---

[1] 利基战略又称市场缝隙战略，指通过市场细分策略、寻找市场缝隙的方式实现关键技术的突破来获得领先的企业战略。——编者注

采取行动

▶ 考虑哪种策略可能会对消费者有利，并且可以被使用：租赁、转售、回购还是二次加工您的产品。

▶ 一旦选择了这些策略中的一种或多种，确定该策略的应用过程应该是什么样子的，以便将其集成到业务流程之中。

▶ 在此过程中，不要忘记可持续性的概念。确保在策略宣传中可持续性是重要的概念之一。

零售未死

巴安斯
在"梦幻衣柜"中自由挑选

"梦幻衣柜"是巴安斯的一个实验项目,旨在让消费者可以在巴安斯的美国纽约店中随心所欲地选择"梦幻衣柜"中的产品。就仿佛是周末从最好的朋友那里借来一件衣服一样,但这里的选择要多得多,而且通常也更高奢。

"梦幻衣柜"的概念完全贴合美国纽约女性的现代生活方式,对于这些女性而言,"共享经济"正在变得越来越重要。"共享经济"意味着她们可以借用或者租用衣服和其他产品,而不必总是立即购买所有的产品。租借文化的普及当然也源自对可持续性生活方式的争议日益升级。毕竟,这种生活方式影响着可与他人合用的所有领域的产品,从家具到电动车,再到服装。

这就是在美国纽约家居办公区的巴安斯实体商店的运营方式:在每周五的"欢乐时光"期间,消费者可以为一些特殊场合免费借用衣物,只需在星期一晚上7点前退还即可。为了确保安全,虽然并不会刷卡收费,但实体商店仍保留了信用卡号。到目前为止,这个项目的运营非常成功:所有的服装都以完好的状态被退还。

免费提供衣服的方式使得消费者更容易了解品牌。因此,该品牌已经成功地引入了年轻的消费者,并且借由"梦幻衣柜"项目将一些前来租借衣物的消费者转变为购买者。

▶ 巴安斯(ba & sh)是法国的高级时装品牌,它以实惠的价格出售服装、手袋、配饰和鞋子。该公司创建于2003年,总部位于法国巴黎。目前,它拥有200多家实体商店,大多数位于法国。此外,其全线产品在全球各地高级百货商店及互联网线上出售。巴安斯的目标客群包括喜爱女性化和舒适时尚风格的所有年龄段的女性。

美鹰傲飞
租借服装

消费者的消费行为发生了改变，租赁和转售已经成为一种流行的趋势，尤其是年轻的消费者，他们正在寻找新的消费模式，其中就包含可持续性的消费可能。美鹰傲飞通过其租赁模式"美鹰傲飞样式放置（Style Drop）"满足了消费者的需求。每月只需支付49.95美元，消费者就可以一次性租赁3件产品并且随时进行更换。当消费者想保留并购买其中一件产品时还可以享受折扣。配送和清洁的费用已经包含在月费之中。这显然是一个有吸引力的活动，目前该模式受到了热烈欢迎。

对于转售，美鹰傲飞有特殊的策略。它与广受欢迎的转售品牌Urban Necessities建立了合作关系。这家公司位于美

> ▶ 美鹰傲飞公司是一家美国休闲服饰和配饰连锁店，其总部位于宾夕法尼亚州的匹兹堡。该公司成立于1977年，在全球拥有约4万名员工，并拥有近1000家实体商店。实体商店的平均面积约为500平方米，为目标客群的男女学生提供时尚的服装、配饰和护理产品，其消费者的平均年龄在15~25岁。

国拉斯维加斯，专门从事流行运动鞋的转售。现在，它也引入了美鹰傲飞的产品。Urban Necessities的主要产品是价格在150~5万美元的运动鞋，甚至在这里可以找到电影《回到未来2》中的自粘鞋[1]。

在美国纽约的家居办公区，它们共同开创了一个占地近176平方米的快闪店。在这里，时髦的牛仔产品与酷帅的运动鞋完美结合，这些产品之间并不是竞争关系而是相辅相成。即使两家公司的价格区间不尽相同，但品牌自身区别相差不大。毕竟，40% Urban Necessities的消费者也拥有美鹰傲飞的产品。

目前，这对新的合作伙伴已经规划了更多合作方向。美鹰傲飞甚至收购了Urban Necessities这家运动鞋转售商的股份。这确保了美鹰傲飞能够持续扩展其消费者群体，并提升自己品牌实体商店的消费者的到店频率。

---

[1] 1989年的电影《回到未来2》中，主角马丁（Marty Mcfly）曾穿过一双运动鞋穿越时空，2016年这双鞋被开发出来。这双运动鞋鞋带孔两边各安装一排小马达，当脚后跟踩到鞋子里面的传感器时，鞋带会自动收紧。——编者注

安伊艾
"二手产品互换"
——户外爱好者的交换平台

可持续性是安伊艾娱乐设备公司企业战略的一部分。因此，这家出售户外设备的专业零售商扩大了其租用和转售设备，以及设备更换的销售项目。从商店的交换平台开始，安伊艾娱乐设备公司进一步扩展可持续性的有关倡议。毕竟，出租和转售不仅能省钱，而且有助于避免产品过早地进入垃圾填埋场。这是向循环经济过渡的一大步。

基于对可持续性的长久承诺，安伊艾娱乐设备公司的实体商店会定期组织"二手产品互换"活动，即提供一个交易和购买的平台。在这里，平台成员可以将自己弃用但保存完好的户外设备卖给其他成员。安伊艾娱乐设备公司会员可以免费参与该活动，终身会员资格需要一次性支付20美元的费用。在这里，消费者可以找到关于户外运动所需的一切，从自行车、滑雪板、船、帐篷、背包到手电筒。对于无法亲自参加"二手产品互换"的消费者，可以在线上选购二手设备。线上选购这一概念被称作"商业价值的再认识（Re-Commerce）"。为此安伊艾娱乐设备公司甚至建立了自己的网站，用于以合理的价格转售二手产品。

设备出租是该公司可持续发展计划的又一举措。大多数地区的安伊艾娱乐设备公司实体商店都提供滑雪靴、滑雪板、单板滑雪板以及全套露营和背包装备的出租服务。

无论是转售还是出租业务，目前都效益良好并且是可以持续的，安伊艾娱乐设备公司证明了这些业务也可以获得成功。

▶ 安伊艾娱乐设备公司（Recreational Equipment, Inc.，简称REI）是一家美国户外用品连锁零售公司。成立于1938年，安伊艾娱乐设备公司的总部位于美国华盛顿州肯特市。目前，安伊艾娱乐设备公司拥有超过150家实体商店，为消费者提供体育用品、露营和旅行装备以及服装，同时也提供旅行和户外课程等服务。目前，该公司有近1.3万名员工。其目标客群不分男女，包含对户外活动感兴趣的爱好者到经验丰富的冒险家。

WE'D LIKE OUR CLOTHES BACK NOW THANKS VERY MUCH.

（我们想回收您穿过的衣服，非常感谢。）

零售未死

伊林费雪
回收再利用的试验田

伊林费雪将自己的创新策略命名为"更新",这一策略旨在让公司本身表现出可持续性,从而激发消费者追求更加环保的生活方式。这个时尚品牌一次又一次地实现了它的宏伟目标。

"更新"这一项目已经开展多年,目的在于延长服装的使用寿命。该项目允许消费者按其喜好时长穿着产品,然后再将其传递给其他人。这一项目是这样运作的:当消费者将伊林费雪的服装送回实体商店时,他会收到一张5美元的代金券,可以在任一实体商店消费。在此之后,所有送回的产品都会被运到位于美国华盛顿州西雅图市或美国纽约州欧文顿市的回收中心。回收中心将检查产品是否有磨损、污渍或是破洞,确保只有状态良好的服装进入转售流程,其余的产品会被加工成毛毡艺术品。被选中进入转售的服装会经由环保的清洁工艺,然后在伊林费雪的网上商店和精选实体商店以合理的价格转售。自2009年以来,伊林费雪已经接收了130万件退回服装,为零售公司树立了可持续性的新标杆。

> ▶ 伊林费雪(Eileen Fisher)是美国的时装设计师,也是同名零售公司伊林费雪(Eileen Fisher Inc.)的创始人。1986年,在公司创立两年后,她在美国纽约曼哈顿开设了第一家实体商店。如今,伊林费雪的女士时装、配饰和鞋子在全球62家实体商店和近1000家百货商店中有售。该公司拥有1200多名员工,其主要目标客群是35~55岁的女性。

伊林费雪的布鲁克林实体商店是公司最新的可持续性方向上的创新。伊林费雪在美国纽约的布鲁克林区建立了一家近455平方米的品牌实体商店,处处反映着该品牌的时尚基因。在这里,虽然有当季产品在售,但不仅是这些。实体商店更重要的使命是要将品牌价值观可视化,并使消费者对服装的可持续性处理有所了解。这里有独家产品、社区活动等,是一个真实世界里的试验田。

消费者可以在实体商店内或者附近放松身心,制作手工艺品或是参与众多活动。伊林费雪为消费者提供公共车间,用于修补、缝制和洗涤衣服,以延长服装的使用寿命。嘉宾演讲和小组讨论的活动丰富了这一概念策略,所有这些活动都是针对对可持续性感兴趣、并想延长服装使用寿命的消费者。

实体商店的员工被称为"指引者",他们的主要任务是与消费者建立私人关系,并向消费者传递公司的价值观。"指引者"会提供方法和建议,帮助每个消费者更加可持续地生活。伊林费雪向我们展示了如"零废弃"的再利用这样的环保战略也可以非常飒爽、时尚。

"

让消费者满意是永恒的成功策略。

"

结语

零售未死，线下没死，线上更不会。但未来会是什么样子呢？在新冠肺炎疫情之后的这个越发数字化的世界中，实体零售出现了哪些发展趋势呢？

不久以后，很有可能每位消费者都能随时随地地出现在实体商店中。由此，为消费者提供完全个性化的购物体验将成为可能。便利性和服务方式也一定会有进一步的发展，尤其是那些日常乏味的行业：或许很快，杂货店和洗衣店就可以自动购买和配送了。

服务速度和即时库存都需要借助联网的库存系统。不仅是实体商店和网络商店可以获取这些资料，全世界的消费者都应该可以获取。未来，收银台会成为过时之物吗？实体商店会成为所谓的"第三空间"（Third Places），也就是"中间空间"（Intermediate Places）的一部分吗？会成为工作和家庭之外的，用于聚会、休闲和体验的场所吗？

其中的一些场景已经成为现实。但是，今天的我们如何得知消费者明天的需求？零售商应该尽早准备哪些创新技术，来为零售环境提供新的解决方案？

零售商应该跟随时代趋势的发展，并随时随地地接受新事物。分析信息和数据以便做出切实的预测。毕竟，数据会成为决定性的成功因素之一，甚至是最具决定性的成功因素。

询问消费者对实体商店的满意之处，更要询问他们的不满意之处。消费者缺少什么？这些缺陷就是零售商的发展机遇。以创意、创新的方式为消费者，乃至每位消费者量身制定销售策略。

在此期间，零售商应当始终意识到：明天的新策略将在后天到来的时候成为昨天的策略。

但是，存在一个永恒的成功策略：让消费者满意。

马蒂亚斯·斯潘克
美国BIG IDEAS视觉营销公司首席执行官
德国BIG IDEAS视觉营销有限公司首席执行官
德国BIG CAREERS零售猎头公司首席执行官

零售未死

致谢

我要感谢支持本书出版的每个人,他们的批评、灵感和耐心极大地丰富了这一过程,不论是专业角度还是个人角度。

能与凯·考夫曼(Kai Kaufmann)博士共事是我的荣幸。他提供的协助远远超出了一位讲师的常规职责。

桑迪(Sandi Snively)和罗恩·安杰洛(Ron D'Angelo)为本书贡献了丰富的专业知识,使得本书的主题得以提升。当我们为更好的观点争论时,他们是不懈而又热情的辩论伙伴。特别感谢帕斯卡尔·海夫林(Pascale Heveling)出色的书籍设计。

我的BIG IDEAS视觉营销团队和BIG CAREERS零售猎头团队,在机构的日常业务中工作出色,支持我能够对本书倾注足够的重视。

在本书出版过程中,我也时常遇到困难,感谢杰拉德·维努利(Gerard Vignuli)始终愿意倾听。

最后,我要感谢作为最佳实践案例的公司中所有友好的支持者。

图片版权

4 杜尔
6 加拿大鹅
8 BIG IDEAS 视觉营销公司
10 b8ta
12 BIG IDEAS 视觉营销公司
14 苹果公司
20 BIG IDEAS 视觉营销公司
22 良品计画
28 约翰路易斯
30 耶尔莫利
32 梅西百货
38 美国第一资本投资国际公司
48 CT
52 北面
56 德国Demodern互动公司
58 德国奥迪汽车股份公司
62 BIG IDEAS 视觉营销公司
64 BIG IDEAS 视觉营销公司

68 佩佩牛仔裤
70 梅西百货
78 LINE FRIEND
86 七鲜
92 玛莎百货
94 阿尔伯特·海恩
96 BIG IDEAS 视觉营销公司
102 沃尔玛
106 宜家
114 摄影师安德鲁·梅雷迪斯（Andre Meredith）
116 宜家
118 Original Unverpackt
124 巴安斯
128 伊林费雪
132 摄影师马塞尔·博尔德（Marcel Boldu）